¿POR QUÉ CONMIGO?

Romance del Espíritu
Antônio Carlos

Psicografía de
Vera Lúcia Marinzeck de Carvalho

Traducción al Español:
J.Thomas Saldias, MSc.
Trujillo, Perú, Enero, 2024

Título Original en Portugués:
"Por qué comigo?"
© Vera Lúcia Marinzeck de Carvalho, 2006

World Spiritist Institute
Houston, Texas, USA
E–mail: contact@worldspiritistinstitute.org

De la Médium

Vera Lúcia Marinzeck de Carvalho (São Sebastião do Paraíso, 21 de octubre -) es una médium espírita brasileña.

Desde pequeña se dio cuenta de su mediumnidad, en forma de clarividencia. Un vecino le prestó la primera obra espírita que leyó, "*El Libro de los Espíritus*", de Allan Kardec. Comenzó a seguir la Doctrina Espírita en 1975.

Recibe obras dictadas por los espíritus Patrícia, Rosângela, Jussara y Antônio Carlos, con quienes comenzó en psicografía, practicando durante nueve años hasta el lanzamiento de su primer trabajo en 1990.

El libro "Violetas na Janela", del espíritu Patrícia, publicado en 1993, se ha convertido en un éxito de ventas en el Brasil con más de 2 millones de copias vendidas habiendo sido traducido al inglés, español, francés y alemán, a través del World Spiritist Institute.

Del Traductor

Jesús Thomas Saldias, MSc., nació en Trujillo, Perú.

Desde los años 80s conoció la doctrina espírita gracias a su estadía en Brasil donde tuvo oportunidad de interactuar a través de médiums con el Dr. Napoleón Rodriguez Laureano, quien se convirtió en su mentor y guía espiritual.

Posteriormente se mudó al Estado de Texas, en los Estados Unidos y se graduó en la carrera de Zootecnia en la Universidad de Texas A&M. Obtuvo también su Maestría en Ciencias de Fauna Silvestre siguiendo sus estudios de Doctorado en la misma universidad.

Terminada su carrera académica, estableció la empresa *Global Specialized Consultants LLC* a través de la cual promovió el Uso Sostenible de Recursos Naturales a través de Latino América y luego fue partícipe de la formación del **World Spiritist Institute**, registrado en el Estado de Texas como una ONG sin fines de lucro con la finalidad de promover la divulgación de la doctrina espírita.

Actualmente se encuentra trabajando desde Perú en la traducción de libros de varios médiums y espíritus del portugués al español, habiendo traducido más de 290 títulos, así como conduciendo el programa "La Hora de los Espíritus."

Índice

Capítulo uno 8
   El embarazo deseado 8

Capítulo dos 13
   ¿La casualidad tiene causa? 13

Capítulo tres 23
   La separación 23

Capítulo cuatro 34
   Cambios 34

Capítulo cinco 42
   Reencarnación 42

Capítulo seis 53
   Historia de una amiga 53

Capítulo siete 66
   El mensaje 66

Capítulo ocho 79
   El pasado 79

Capítulo nueve 90
   En el hospital 90

Capítulo diez 99
   Entendiendo las razones 99

Capítulo once 113
   Volviendo a comenzar 113

Capítulo doce 122
   La conferencia 122

Capítulo trece... 131
    Diño.. 131
Capítulo catorce... 139
    Reencontrando a la familia.. 139
Capítulo quince.. 155
    Oportunidades... 155

Dedico este libro a Eduardo, mi querido nieto, con todo mi amor.

Abuela Vera

Septiembre 2006

Capítulo uno

El embarazo deseado

Mário y Lúcia, casados desde hacía cinco años, esperaban ansiosamente a su primer hijo. Felices, hacían muchos planes.

– Definitivamente va a ser un niño – dijo Mário felizmente –. Ya puedo comprarle una remera de mi equipo de fútbol y cuando cumpla tres años lo llevaré al estadio a ver un clásico.

– Y si es niña, ¿te decepcionarás? – Preguntó Lúcia.

– Por supuesto que no – respondió –. La amas de la misma manera. Le compras una muñeca muy grande para Navidad. Y nuestro próximo hijo será un niño.

Ellos rieron.

Todo fue planeado con cuidado. Compraron una canastilla de colores neutros, Lúcia tejía y hacía unas piñas preciosas. Ella trabajaba en una fábrica de ropa y él en un taller mecánico.

Mário estaba muy feliz. Tenía un hogar, una esposa ejemplar y un hijo en camino.

No tuvo un hogar infantil estructurado. Su padre, un alcohólico, los había abandonado a él y a sus dos hermanos cuando aun eran pequeños. Su madre, una mujer fuerte y trabajadora, trabajó duro para criarlos. Cuando ella falleció, él era un adolescente y ya trabajaba en el taller. Él y sus hermanos se separaron, apenas se veían. El mayor se casó y vivía en un barrio lejano, el segundo se mudó a otra ciudad. Hablaban poco, Mário estaba triste por esta separación, pero no había manera que pudieran volver a estar juntos. Vivía en una pensión cercana a su lugar de trabajo.

Mário recordaba con cariño el día que conoció a Lúcia. Un compañero de trabajo lo invitó a ir a una fiesta en su casa. Y ella estaba ahí, era vecina de su amiga. Al verla sintió que se le aceleraba el corazón, lo disimuló y la miró hasta que su amigo le dijo:

– ¡Despierta, Mário! ¡Pareces encantado!

Se sentía así, encantado. Estaba seguro que era la primera vez que la veía, porque no la olvidaría si la hubiera conocido. Pero parecía que ella era un ser amado y que se habían reencontrado.

– ¿Quieres que te presente? – Le preguntó su amigo.

– Espera un momento... – respondió.

.Quería recomponerse, porque sentía que había tenido miedo, especialmente después que ella lo miró y sonrió.

Lúcia era bajita, de pelo rizado, castaño como sus ojos, sonriente, bonita y, para Mário, muy hermosa.

Tuvo que esperar unos 20 minutos para calmarse antes de ser presentado. Hablaron y concertaron una reunión para el día siguiente: el domingo por la tarde. Y empezaron a tener salir juntos. Él tenía 19 años y ella 17.

El noviazgo fue pacífico, se llevaban muy bien; discutieron un par de veces porque él estaba celoso. Se reunieron siempre que fue posible, hablaban e hacían planes.

Después de dos años de noviazgo, decidieron casarse. Eran muy jóvenes, pero ambos querían tener su propia casa y prometieron que se cuidarían el uno al otro. La boda fue una ceremonia sencilla. Como eran católicos se casaron por la iglesia; con sinceridad y alegría recibieron la bendición del sacerdote con el fin de cumplir sus juramentos. Mário, por supuesto, era un novio muy feliz.

Tenían muchas ganas de un rinconcito que fuera suyo. Al principio vivieron en la pequeña casa de tres habitaciones que Lúcia heredó de sus padres y en la que vivió con su madre antes de irse. El hecho de ser huérfana acercó aun más a la pareja. Aunque Mário no era hijo de su padre, era como si lo fuera.

Con el sueldo de ambos pudieron mudarse a otra casa más grande, que fue financiada. La equiparon con cariño y, ya todo arreglado, decidieron tener hijos. Pero Lúcia no quedaba embarazada. Tenía miedo de no poder quedar embarazada. Estaba nerviosa, lloraba a escondidas de su marido. Isabel, su cuñada, la acompañó a los médicos. Todos decían que ella no tenía nada. Pero el tercer obstetra que consultó le recetó algunos medicamentos, entre ellos un tranquilizante. Le aconsejó que no se preocupara porque sólo quedaría embarazada después de seis meses de tratamiento. Sin presiones, a los dos meses quedó embarazada. Fue una alegría. Cumpliendo una promesa, Lúcia estuvo 15 días seguidos la iglesia a rezar un tercio.

– ¡Será el Júnior! – Dijo Mario.

– Sí – asintió Lúcia – . Si es niño, será Júnior.

Mário guardó silencio, se quedó pensativo, luego miró a su esposa y dijo:

– ¡Estoy recordando ese sueño!

– Sé que este sueño te causó una gran impresión. Pero ¿por qué no lo olvidas?

– Quiero, pero no puedo. Soñé cuando estaba preparando los papeles para casarme. Ha pasado un tiempo, pero parece que fue esta noche.

Suspiró y contó el sueño.

Lúcia ya lo había oído muchas veces, pero, atentamente, volvió a escuchar.

– Soñé con mi madre, pero sus rasgos eran diferentes. Sin embargo, sabía que era mi madre. Ella me dijo cariñosamente: "Mário, te vas a casar, ya no estarás solo. Lúcia también es mi hija. Tú recibirás a tu padre como a un hijo, entonces yo naceré en tu casa. Estaré contigo para ayudarte y seré una buena hija. ¡Te confío a tu padre!"

Y me mostró una persona. Lúcia, no olvides este ser que vi y que sería mi padre, estaba tan extraño, confundido. Me desperté agitado, sudando y estaba despierto, ya no podía dormir. Sueño y sueño, ¡pero este era tan real! Sin embargo, mi padre está ahí, vivo y bebiendo. Y esa mujer definitivamente no era mi madre.

Cada vez que escuchaba esta narración, Lúcia le aconsejaba:

– "¡No deberías recordar más ese sueño! ¡No sé por qué todavía lo recuerdas!" etc. Pero esta vez prefirió cambiar de tema.

– ¡Mira, Mário, qué chaqueta más bonita!

Mário tomó la ropa y empezó a hablar del bebé con entusiasmo. Siempre que podía ayudaba a Lúcia, limpiando la casa y haciendo las compras. Iba a tomar una licencia cerca de la fecha de nacimiento del niño y luego tomarse unas vacaciones para pasar más tiempo con el bebé. Después cosía en casa, como hacían muchas otras madres en la fábrica donde trabajaba. Ganaría menos, pero lo importante era quedarse con su pequeño hijo.

Tuvo un embarazo tranquilo, aunque estuvo enferma y vomitó mucho en los primeros meses.

Lúcia pensó alegremente:

"Todos los niños deben nacer en hogares como el nuestro y ser esperados con cariño. Nuestro hijo es querido, nosotros lo amamos y lo criaremos y educaremos para que sea una buena persona. Su vida será diferente a la nuestra. El padre de Mario lo abandonó, su madre murió muy joven y él quedó huérfano a los 16 años. En cuanto a mí, mi padre falleció cuando yo tenía dos años y cuando mamá se casó de nuevo, yo tenía diez años. Vivía con mi hermano; él y mi cuñada fueron buenos conmigo, pero siempre extrañé tener un hogar que fuera mío. Mi matrimonio funcionó y todo está tan bien..."

Lúcia recordaba a sus padres con nostalgia. Ella era la más joven y sus hermanos eran mucho mayores que ella. No pasó por dificultades como Mário. Vivían en su propia casa y la madre recibía una pensión de su marido. Su hermano mayor, Carlos, vivía cerca de su casa. Su madre estuvo enferma ocho meses y, cuando falleció, Lúcia se fue a vivir con su hermano. Tenía dos hermanas más, Luiza y Marcia, que estaban casadas. Todos la amaban, se preocupaban por ella. Su cuñada Isabel la trataba como a una hija y sus sobrinos la querían mucho. Sin embargo, siempre extrañó un hogar, quería tener su propia familia.

Cuando decidieron casarse, sus hermanos querían que ella y Mario salieran más tiempo, pensaban que eran demasiado jóvenes para casarse. Tenían miedo de que se emborrachara como su padre. Pero Mário demostró que era diferente, honesto, trabajador y que no bebía nada que contuviera alcohol, no fumaba, no tenía adicciones. Los hermanos de Lúcia los ayudaron para que pudieran cumplir sus sueños y casarse.

Planificar la boda fue muy agradable. Se casó vestida de novia, con un traje muy bonito. Estaba muy feliz.

Y el matrimonio iba bien. Mário, siempre enamorado, fue un gran marido y agradaba a su familia.

Ahorraron mucho, casi no salían a caminar, pero valió la pena, compraron una casa más grande, estaban bien asentados.

Y todo les parecía perfecto. Un hijo era todo lo que querían.

Y cuando Lúcia empezó a sentir los dolores del parto, Mário se puso tan nervioso que Carlos e Isabel tuvieron que ir con ellos al hospital.

Capítulo dos

¿La casualidad tiene causa?

Los tres permanecieron en la sala de espera durante algunas horas, lo que les pareció días. Isabel quería mucho a Lúcia, la quería como si fuera su hija. Carlos también la amaba; desde que murió su padre, la tomó como hija. Mário tenía miedo que les pudiera pasar algo malo a su esposa y a su hijo.

Lúcia tuvo un parto natural, no vio al bebé, el médico le informó:

– Doña Lúcia, tuviste un niño.

¡Ahora descansa! Entonces lo verás.

Estaba muy cansada, se relajó y pensó alegremente:

"¡Mário estará feliz de ser un niño!"

Las enfermeras la acostaron en la cama y se quedó dormida.

Una enfermera llegó a la sala de espera y les informó a los tres:

– Doña Lúcia está bien, ya se fue a su habitación.

– ¿Y el bebé? ¿Qué es? – Preguntó Mário, angustiado.

– ¡Un niño!

– Gracias a Dios – exclamó Mário riendo.

Carlos; sin embargo, notó que algo no andaba bien por la expresión de la enfermera. Preguntó:

– ¿Sucedió algo? ¿Está bien el niño?

– El doctor quiere hablar con ustedes, por favor síganme.

Isabel se estremeció, miró a Carlos, que palideció. Mário se quedó quieto, los dos lo tomaron de los brazos y siguieron a la enfermera. Entraron en una pequeña habitación y la enfermera les pidió que se sentaran. Entró el médico, los saludó y Mário le preguntó nervioso:

– ¿Qué le pasó a mi hijo? ¿Él murió?

– El niño está vivo. Lo vamos a examinar, pero ya sabemos que tiene síndrome de Down.

– ¿Nació con una discapacidad mental? – Preguntó Isabel asustada.

– ¿Es un retrasado? – Preguntó Mário.

– Tiene una discapacidad y definitivamente será un niño encantador y...

El médico intentó explicarle, pero fue interrumpido por Mário, que estaba muy nervioso.

Sin embargo, sabía que no era un sueño. Se sentó en un sillón en un rincón de la habitación y permaneció en silencio.

– Lúcia, querida, ¿cómo estás?

Carlos la besó, Isabel le tomó la mano. Ella abrió los ojos y sonrió.

– ¿Dónde está Mário?

– Estaba tan nervioso que tuvieron que darle un tranquilizante y tiene sueño. Se sentó en una silla de la sala de espera – dijo Isabel.

Lúcia sonrió y exclamó:

– Debe estar feliz. ¡Es un niño!

– Quédate quieta y descansa, hermanita.

Ella se quedó dormida y ambos se fueron.

– Mário – dijo Carlos –, Lúcia está durmiendo, la enfermera nos confirmó que está bien. Vamos a casa.

Mário los siguió y se fue a casa. Al verlos llegar, los vecinos fueron a preguntar por Lúcia. Mário no respondió. Entró directamente a la casa y escuchó a Isabel decir:

– Están bien, es un niño.

Se acostó en la cama. Carlos preguntó:

– ¿Estás bien? ¿Quieres que te hagamos compañía?

– ¿Estoy bien? Me siento terrible! Voy a intentar dormir. Por favor quédate con Lúcia, inventa una excusa para ella. Primero quiero recomponerme para verla.

Carlos no estuvo de acuerdo con su cuñado, pero no dijo nada. Se fueron y él le comentó a su esposa:

– Isabel, Mário me decepciona. Mi hermana, cuando se entere, lo necesitará mucho.

– Dejemos pasar el susto. Lúcia nos va a necesitar. Vámonos a casa, me cambiaré de ropa y volveré al hospital para estar con ella.

Tres horas después, Lúcia se despertó lista y quiso ver a su pequeño. La enfermera trajo al bebé. Lo abrazó y lo besó. Luego lo miró de cerca. La enfermera permaneció a su lado.

– ¡Es diferente! – Exclamó la joven madre.

– ¡Es especial! – Dijo la enfermera.

– ¿Enfermo? – Ella preguntó.

– Deficiente. Realmente necesitará a mamá.

– ¡Sí, lo hará! – Respondió Lúcia, suavemente.

Tenía ganas de llorar. La enfermera habló afectuosamente:

– Dios no da cargas a los libres. Para una madre maravillosa, un hijo especial. Míralo bien. ¡Es bonito! Parece decir: "¡Mamá, ámame!"

– ¡Pero lo amo! – Exclamó Lúcia.

– ¡Entonces todo está bien! – La tranquilizó la enfermera.

– ¿Por qué no lo mimas? Cántale suavemente.

Y Lúcia así lo hizo, cantó bajito. Las lágrimas corrieron por su rostro.

Isabel entró a la habitación y se emocionó, se acercó y salió la enfermera.

– Lúcia, ¿estás bien?

– Sí, lo estoy, gracias. Ven a verlo Isabel. ¿Lo amarás?

– Sí, ya lo amo. Sin duda será mi sobrino más querido y mi ahijado. ¿Ya nos has llamado para padrinos, aceptamos y ahora que lo conozco seré la mejor madrina del mundo, la que él se merece.

Los besó.

– ¡Que Dios te bendiga, ahijado mío! – Exclamó llorando, emocionada.

– ¿Y Mário? ¿Dónde está?

– Está durmiendo en tu casa. El calmante...

– ¿Él ya lo sabe?

– Sí.

– Debe haber sido un shock para él, por eso estaba nervioso. Vamos a superar esto.

– Sí lo harán. Hay muchos niños que nacen con discapacidad – afirmó Isabel.

Mário no quería ir a verlos. Carlos e Isabel insistieron.

– No tengo el valor – dijo, con tristeza.

Toda la familia fue a verlos al hospital. Lúcia permaneció tres días hasta que aprendió a amamantar al bebé. Luiza se quedaría en su casa unos días para ayudarla. El instinto maternal salió a la luz y la joven madre aprendió rápidamente a cuidar de su pequeño.

Mário estaba en casa cuando llegaron. Besó a su esposa y miró al niño.

– ¡Carga a Júnior!

– Mejor no. Tengo miedo, es tan pequeño – respondió.

Mário no sabía qué hacer. Se sintió aliviado cuando Luiza le pidió que fuera a comprar lo que necesitaban.

Mário no sabía qué hacer. Se sintió aliviado cuando Luiza le pidió que fuera a comprar lo que necesitaban.

Por la tarde dijo que necesitaba trabajar y se fue. Lúcia se quejó a su hermana:

– Luiza, no creo que haya aceptado a Junior.

– El hombre es diferente a nosotras. Pronto se acostumbra.

– ¡¿Acostumbrarse a su hijo?!

– Con la situación – respondió Luiza – . Tómalo con calma. Fue una decepción para él. Pero el amor paternal hablará más fuerte. Verás que pronto estará cargando al bebé y besándolo.

– ¡Ojalá! – Exclamó Lúcia, con tristeza.

Todos los conocidos y los vecinos ya lo sabían. Mário estaba triste y callado. Estaba trabajando cuando un colega le preguntó:

– ¿Tu hijo es discapacitado?

– Sí – respondió lacónicamente.

– ¿Quién de ustedes pecó?

– ¡¿Qué dices?! – Preguntó Mário asombrado.

– ¿Fuiste tú o la madre? ¿Quién pecó feo para que el bebé naciera así? – Insistió el colega en la pregunta maliciosa.

Mário quiso atacarlo, pero otros compañeros lo detuvieron.

– ¡Cálmate, Mário! – Expresó el interrogador – . No dije mucho. Y el cura dice que cuando nace un niño así, fueron los padres los que pecaron.

– ¡Cállate!– intervino otro colega – . Los niños pueden nacer así. ¡No seas malo! Tranquilo Mário, tomemos un café.

Mário se volvió para seguir al colega que lo había invitado, pero escuchó al malvado colega justificarse ante los demás:

– No fui yo quien inventó eso. Es el cura el que lo dice.

Se alejaron y él bebió el café que le ofrecieron. Preguntó al amigo que lo acompañaba:

– ¿Tú crees en eso? ¿En lo que dijo?

– No creo en nada. ¡Para mí todo es casualidad! Pero ¿por qué tú, que eres tan católico, no vas a hablar con el cura? Ve ahora, te ayudaré con tu trabajo.

Mario le dio las gracias y se fue. La iglesia estaba cerrada, pero el párroco vivía al lado, iba allí. La criada dijo que el cura no podía atenderlo, pero que estaría allí en la tarde en la iglesia ayudando a los fieles en las confesiones.

Regresó al taller, no quería confesar, quería explicaciones.

Mário pasaba mucho tiempo en casa. Iba temprano al taller, volvía a casa a almorzar, salía rápidamente y se quedaba hasta tarde trabajando. Cuando llegaba a casa, se daba una ducha, se senté tranquilamente en la sala y se iba a dormir. Luiza se enojó y le dijo:

– Cuñado, tengo que ir a mi casa. Pero no quiere dejar a Lúcia tan sola. No les has prestado atención.

– Luiza, gracias por venir a ayudarnos, pero por favor no interfieras.

Salió al patio llorando. Lúcia también lloró y Luisa la consoló.

Lúcia, al oír los desplantes de su marido, se entristeció aun más; se sentó a su lado y le dijo en tono suplicante:

– Mário, sé que Júnior no está sano, pero es nuestro hijo. ¡Por favor ámalo!

– ¿Por qué nació así? – Preguntó Mario mirando fijamente a su esposa.

– No lo sé, creo que fue porque Dios así lo quiso – respondió ella.

– ¡¿Dios lo quiso?! – Gritó – . ¿Por qué nosotros? ¿Por casualidad? ¡Maldita casualidad! ¿No podría Dios haber elegido otra pareja para enviar a este defectuoso como su hijo? ¿Fue el azar?

Salió al patio llorando. Lúcia también lloró y Luisa la consoló.

– ¡Se desahoga y eso es bueno!

Mário le dio un puñetazo a una pequeña mesa que estaba en el área. La golpeó con fuerza y enojo. Cuando miró la mesa, vio que había sangre sobre ella. Se miró las manos, estaban sangrando. Había algunos clavos que le hicieron daño. Limpió la mesa y se lavó las manos. El dolor físico era mínimo comparado con el dolor de tener un hijo enfermo. Escondió las manos heridas de su esposa. Y en el taller nadie se atrevía a preguntar qué había pasado.

Al otro día fue a la iglesia a la hora que sabía que estaría el sacerdote. Entró en la sacristía.

– Señor, ¿podría esperar en la fila? – Preguntó una señora.

– ¡Quiero hablar con el cura! – Dijo con determinación.

El sacerdote entró a la sacristía, estaba en otra habitación colocando accesorios para ayudar a las personas en la confesión. Al verlo, se dio cuenta que estaba sufriendo y le preguntó a la señora:

– Por favor, señora Ida, espéreme en la iglesia. Hablaré con él. ¡Siéntate aquí!

También se sentó y esperó a que el visitante hablara.

Mário se sintió avergonzado, pero dijo:

– Me gustaría saber por qué los niños nacen con discapacidades y retrasos.

– Bueno – respondió el sacerdote, dulcemente – es que podemos nacer diferentes.

– Lo sé, pero quiero saber por qué. ¿Es castigo para los padres? ¿Pecaron? ¿Envía Dios a niños discapacitados para castigar a sus padres? ¿Sí o no?

– Puede suceder. Pero, ¿por qué quieres saberlo?

– Mi hijo nació con síndrome de Down – dijo Mário, en voz baja.

– Son misterios – dijo el sacerdote – . No podemos saber las causas, el porqué de todo. ¿Quieres confesarte?

– ¿Crees que he pecado? ¿Que hice algo mal? ¡Dios mío! ¿Qué hice tan mal para ser castigado así? ¡No sé lo que hice! ¿Dios es un padre verdugo? Si me castiga, debe saber por qué. ¡Entonces, dime! ¿Qué hice? – Gritó alterado.

– Señor – preguntó el sacerdote –, ¡le recuerdo que está en la casa de Dios! ¡No deberías discutir lo que Él hace! ¡Por favor! ¡Hablemos con calma! ¡Siéntate de nuevo! Si tu hijo nació con alguna discapacidad, la ciencia lo explica.

Mário se levantó y se fue, el cura intentó sujetarlo y fue empujado, pero aun así corrió tras él.

– ¡Hijo mío, no te desesperes, hablemos, por favor!

Mário corrió. Ya no quería hablar con el sacerdote.

Regresó al taller, se esforzó por hacer bien su trabajo y no habló con nadie. Estaba bajo la presión que todos los que lo vieran comentaran sobre ellos. Se imaginó que decían: "¿Quién pecó, él o su mujer?"

Eso no sucedió. La mayoría de las personas que conocían, los vecinos, sintieron pena por aquel joven matrimonio con su hijo enfermo.

Lúcia también sufrió. Lamentó que su hijo estuviera enfermo. No quería que su pequeño hijo sufriera, ni tampoco su marido. Rezó para que su marido lo aceptara. Cuando Luisa volvió a su casa, su cuñada, su otra hermana, Marcia, y dos sobrinas se turnaban para ir a su casa durante el día para ayudarla y hacerle compañía. El bebé necesitaba más cuidados y ella lo mimaba con mucho cariño.

– ¡Cómo me gustaría que estuvieras sanito! – Exclamó con tristeza. Decidió que esa noche hablaría con Mário.

Llegó y se apresuró a bañarse. Él comió en silencio, estaba a punto de acostarse, cuando ella lo agarró del brazo y le preguntó:

– ¡Por favor, hablemos!

– Tengo sueño.

– ¡Por Dios, háblame! – Suplicó.

– ¡¿Dios?! ¡Este verdugo que hace que la gente sea defectuosa!
¡No me hables de él!

– ¡Mário! No deberías rebelarte así. Todo tiene una causa.

– ¿Cuál? – Gritó Mário – . No lo acepto: Dios lo quiso y no fue por casualidad. Ahora bien, si hay una causa, ¡yo no tengo la culpa! ¡Si alguien pecó, fuiste tú! Es esto: pecaste y Dios te castigó. ¡Ahí está la causa!

– ¡Mário!

– Si existe la casualidad, ¡es Dios quien no existe! Pero si Dios existe, debe haber explicaciones de por qué este bebé nació discapacitado. Y si hay una causa, es porque alguien pecó. ¡No fui yo! Siempre fui un niño obediente, trabajé desde pequeño, a los diez años ya ayudaba a mi madre vendiendo dulces en las calles y toallas que ella bordaba, dos veces incluso me atacaron, me robaron los dulces e incluso fui golpeado por mi madre. Nunca me quejé, no le pedí nada. Aprendí que estaba solo en la profesión de mecánico, cuando quedé huérfano, me fui a vivir a una pensión. Mi dinero fue contado, comía poco y salía menos aun. No era una persona fiestera, siempre fui respetuoso y religioso.

¡No, no fui yo quien pecó! – Exclamó llorando.

Capítulo tres

La Separación

En otro día, tomando un café, le dijo a su mujer:

– Lúcia, ¿hiciste algo muy mal? ¿Me traicionaste? ¿Es este mi hijo?

– Mário, por favor, nunca te traicioné, te amo mucho – respondió ella, dolida.

– Puedo perdonarte, si pecaste, puedo perdonar y olvidar. Él, este niño, no necesita quedarse con nosotros. Podemos donarlo.

Lúcia estaba asustada, abrió la boca y no podía hablar. El bebé lloró y Mário dijo:

– ¡Calla ese niño!

Terminó su desayuno, salió de casa y pensó en el camino:

"Éramos muy felices antes de que naciera el bebé. Si ahora estamos sufriendo, él tiene la culpa, nos desharemos de él. Debemos irnos lejos de aquí, cambiar de casa, cambiar de trabajo, ir a un lugar donde nadie nos conozca y sepa que tuvimos un hijo discapacitado. Puede que Lúcia no esté de acuerdo, debo presionarla para que acepte mi sugerencia. Y listo, aclararé la situación. Ella no tendrá otra opción. Donaremos el bebé. Quiero ver lo que Dios hará. Si Él nos está castigando, ¡nos libraremos de Su castigo!"

Tan pronto como llegó al taller, Mario fue a hablar con su jefe y renunció.

- Quiero irme - dijo -. ¿No conoces a alguien que me recomiende para ir a buscar trabajo?

- Por favor, Mario, piénsalo mejor. ¿Por qué eso? Me gustas como si fueras mi hijo, ¡llevas tanto tiempo conmigo! ¡Puedo aconsejarte si tienes problemas! ¿No quieres tomarte unos días libres? ¿No? ¿De verdad quieres irte? - Le preguntó el dueño del taller.

- Tengo mis razones para querer irme. No quiere hablar de ello. ¡Y no quiero que insistas! ¡No voy a trabajar más!

- Está bien. Aquí está la dirección de un amigo que tiene un taller mecánico en un barrio lejos de aquí. Le escribiré recomendándote.

Acordaron todo, él vendría al día siguiente a firmar los documentos y recibir lo que le debían. No se despidió de nadie. Fue a casa. Lúcia estaba amamantando a su pequeño hijo.

- ¡Mario, ven a ver a Júnior amamantar! - Exclamó sonriendo.

- No quiero que se llame Júnior. Dale otro nombre.

- ¿Rodrigo?

- Eso es todo. Lúcia, me voy de casa. Renuncié a mi trabajo - dijo rápidamente.

– ¡Mário, por Dios! ¡Por favor! ¿Por qué? – Preguntó ella, angustiada.

– ¡Lúcia, ven conmigo! ¡Yo te acepto! ¡Pero a él no! ¡No quiero un niño discapacitado! Lo vamos a dejar en un orfanato. Ellos cuidarán de él. Conozco un lugar adecuado para pacientes como él. Allí este niño será tratado bien, incluso mejor que con nosotros. Saben cuidar a niños especiales.

– ¡No puedo abandonar a nuestro hijo! ¡No!

Lúcia lloraba, el bebé estaba asustado y también lloraba.

– ¡Este llanto me vuelve loco! Repito: no quiero a este niño, no soy su padre, no quiero que se llame Mário Júnior. Tú vete, y si me quieres, ven conmigo, dejaremos al bebé en el orfanato. Te buscas otro trabajo lejos de aquí, en un lugar donde nadie nos conozca, para no ver lástima en las caras de los demás o algo peor, desconfianza. Si quieres venir conmigo te perdono, empecemos de nuevo. Mañana por la tarde sabré la respuesta.

Se fue dando un portazo. Su sobrina Marisa, que estaba en la cocina, escuchó la discusión y corrió a llamar a su madre. Marisa intentó consolarla.

Carlos e Isabel vinieron por la tarde.

- Lúcia, voy a hablar con tu marido. Mañana por la tarde me quedaré aquí para esperarlo. Fui al taller, efectivamente renunció, pero el dueño me dijo que si quiere volver a trabajar allí lo reincorporarán. A todo el mundo le cae bien. Pensamos que sufría por la enfermedad del niño, pero ya se acostumbraría. ¡Lo que hizo es absurdo!

- Carlos, Mário quiere donar al bebé, quiere que lo dejemos en un orfanato.

- ¿Y tú? - Preguntó el hermano.

- ¡No haré eso!

- Tienes razón. No se dona un niño porque esté enfermo, discapacitado y que necesitaba más a sus padres. No sé por qué te pasó esto, pero lo descubriré.

Y siempre podrás contar conmigo. Siempre estaré a tu lado ayudándote.

Lúcia intentó no ponerse nerviosa, pero lloró mucho.

Su felicidad, que parecía tan sólida, se derrumbó. "¡¿Cómo era posible... hace unos días estábamos tan felices y ahora soy tan infeliz?!"

Tuvo una noche de insomnio. Isabel se quedó con ella.

Mário salió de casa, tomó un autobús, se fue al otro lado de la ciudad, buscó la dirección que le había dado su ex jefe. Encontró el taller, habló con el propietario y, dada la carta de recomendación, encontró trabajo. Empezaría dos días después. Fui a buscar una pensión para quedarse. Si viniera su esposa, les alquilaría una casa.

Esperanzada, Lúcia pensó que su marido solo, pasando una noche fuera de casa, reflexionaría, volvería y todo estaría bien.

Luchó por comer y esperó ansiosamente la tarde. El hermano, como había prometido, salió temprano del trabajo y vino a hablar con Mário.

Cuando el joven padre entró a la casa, se encontró con Carlos, sentado en el sofá de la sala.

– Mário, estoy esperando que hablar.

– Espero que no interfieras en nuestras vidas.

Carlos no se quedó quieto, siguió hablando:

– Hay muchas ocasiones en las que nuestros planes no salen como quisiéramos. Intentamos entenderte, pero cruzaste la línea. Todos estábamos molestos porque el bebé nació con una discapacidad. Hay muchas parejas que tienen hijos con necesidades especiales, superan eso y viven bien. ¿Por qué no lo aceptas? ¿Por qué culpas a Lúcia?

– Carlos, ¿conoces bien a tu hermana? Si no fui yo quien pecó, fue ella. ¡Dios la castigó! Y si ella no fue la que pecó, no tenemos que quedarnos con el bebé. Si Dios lo hizo por casualidad, ¡que él se encargue de ello!

– ¡Mário, no hables así! – Pidió Carlos –. ¿No podemos encontrar otra explicación? ¿Por qué actúas así?

– No quiero discutir contigo. Vine aquí para conocer la respuesta de mi esposa.

– ¿De verdad vas a abandonarlos? ¿No te das cuenta que Lúcia sufre?

- ¿Más que yo? ¡Lúcia! - Gritó Mario. - ¡Ven aquí! Estoy esperando tu respuesta. ¿Que decidiste?

Lúcia, que estaba en el dormitorio, fue a la sala y respondió con voz suplicante:

- ¡Mário, por favor no nos abandones! ¡Te amo! ¡Reflexiona! ¡Quédate con nosotros!

- ¡No! - Respondió secamente.

Tomó dos maletas que estaban encima del armario y colocó su ropa dentro de ellas.

Lúcia lloró, suplicó.

-¡Para, Lúcia! - Pidió Carlos.

-¡Déjalo! Quizás necesite estar solo para pensar.

Mario se fue sin decir nada más. Isabel vino a hacerle compañía y se acostó con ella. Lúcia lloró mucho.

– ¡Él regresará! ¡Ve a reflexionar y volverá! – La consoló Isabel.

Lúcia prefería creer que su marido regresaría. Sintiéndose bien físicamente, a la tarde siguiente agradeció a toda su familia y afirmó que ya no necesitaba compañía. Tenían sus propias tareas y ella tendría que aprender a vivir sola con su pequeño hijo. Y empezó a llamar al bebé Rodrigo.

Mário llevaba 15 días fuera y no había dado ninguna noticia.

– Hermana mía – dijo Carlos –, tenemos que registrar a Rodrigo. Buscaré a Mário. Me dijeron en el taller donde trabaja. Voy allí esta tarde.

Aunque dolida, Lúcia le recomendó a su hermano:

– Carlos, por favor pídele que vuelva. Dile a mi marido que lo necesitamos aquí en casa.

Carlos fue a buscar a su cuñado. Mário al verlo ni siquiera lo saludó y con un gesto de la mano lo invitó a pasar a un rincón del taller.

– Mário, ¿no vuelves a tu casa? Lúcia te quería mucho – dijo Carlos.

– Me encantaba. Prefería que el niño se quedara con ella. ¡No voy a volver!

– Tenemos que registrar al niño – dijo Carlos.

– Recuerda, él no es mi hijo.

– Mário, no hables así. No puedes decir eso solo porque el bebé está enfermo.

– No es por eso que lo digo, es porque realmente creo que no es mi hijo.

Carlos avanzó hacia él y le dio un puñetazo en la nariz, que sangró. Los demás empleados del taller se acercaron y agarraron a Carlos, quien gritó:

– ¡Mário, estoy perdiendo la paciencia contigo! ¡Es absurdo! ¡Estás equivocado al pensar así!

Le pidieron que se fuera. Carlos se fue enojado con Mário y muy apenado por su hermana. Él le contó todo lo que pasó y ella lloró mucho. Registraron a Rodrigo, lograron hacerlo a través del acta de matrimonio.

Pasaron tres meses. Lúcia intentó aparentar calma, pero por las noches lloraba sola. Deseaba tanto que todo fuera diferente. No podía entender a su marido ni sus actitudes. Angustiada, pensó: "Tal vez él nunca me amó ¿Hay alguien más? ¿Por qué no pudo amar a su hijo?"

Por qué y más por qués... Sufría sin respuestas. Pero no perdió la esperanza, imaginó a su marido regresando y pidiendo perdón. Y mientras esperaba, colmó de cariño y atenciones a su pequeño hijo, mimándolo, hablándole suavemente:

- ¡Te amo, hijito! ¡Haré todo por ti! ¡Todo lo que pueda! ¡Puedes confiar en mamá!

Y, sin duda, Rodrigo se sintió protegido.

Los pagos de la casa se retrasaron. Lúcia invitó a su familia a almorzar un domingo en su casa. Les agradeció:

– Estoy muy agradecida con Dios por darme un hogar con hermanos que me aman tanto. Quiero agradecerles por todo. Sin ustedes, no sé qué sería de Rodrigo y de mí. No sé si Mário volverá y no puedo esperar, tengo que organizar mi vida. De una cosa estoy segura: ¡no voy a abandonar a mi hijo! No puedo pagar la financiación de esta casa y cubrir nuestros gastos con lo que gano. Siempre quiero contar con su ayuda, pero quiero mantenerme sola. Entonces decidí: vuelvo a la casita donde vivíamos. De esta manera me mantengo cerca de Carlos e Isabel. Seguiré trabajando.

Estuvieron de acuerdo con ella. Los cuñados anunciaron el otro día que la hermana de Lúcia se mudaría. Renovaron la casa y la trasladaron la semana siguiente.

Fue muy triste para Lúcia regresar sola con su hijito, a la casa en la que había vivido con su madre, porque estaba casada. Los vecinos, todos conocidos, fueron serviciales, ayudaron con la mudanza y ofrecieron ayuda.

Aunque estaba cansada, no durmió bien la primera noche. Parecía que algo faltaba: Mário, y que volvería en cualquier momento. Ella no se conformó. Por un corto tiempo estuvo muy feliz, luego todo cambió, muy de repente. Carlos, en cambio, buscó a Mário en el taller. Ni lo saludó, le dio las llaves de la casa y le dijo:

– No hay por qué estar nervioso, solo vine aquí para informarte que Lúcia se ha mudado. Los pagos de la casa tienen tres meses de retraso. Como está financiada a tu nombre y vacía, te corresponde a ti resolver este asunto.

Mário sacudió la cabeza afirmativamente. Carlos se dio vuelta y dio unos pasos, decidió regresar, se acercó nuevamente a su excuñado y le dijo:

– Aunque no preguntaste, Lúcia y tu hijo están bien y seguro que no te necesitarán.

Se fue.

Lúcia siempre iba acompañada de Isabel para llevar a Rodrigo al pediatra, y el médico decía que estaba bien.

Una vez finalizada su baja por maternidad y sus vacaciones, Lúcia, como ya estaba acordado, empezó a trabajar desde casa. Trajeron las prendas para coser y vinieron a recogerlas. La casa, salón y cocina en una sola habitación más dormitorio y baño, fue modificada. En el salón había una máquina de coser y en el sofá había prendas de vestir.

Se organizó: cuidaba a Rodrigo, hacía las tareas del hogar y cosía.

Rodrigo cumplió seis meses. Ella seguía esperando a Mário, soñando con su regreso, que le pediría perdón, que abrazaría a su hijo y que volverían a ser felices.

Carlos le dijo que Mário había vendido la casa y ella se puso muy triste. Pensó mucho y concluyó:

"Si no vuelve, tal vez sea por vergüenza o incluso porque cree que ya no lo quiero. ¡Voy a buscarlo!"

Le pidió a su sobrino Marcelo, hijo de Carlos, que fuera con ella. Él aceptó felizmente. Toda su familia la ayudó. A sus sobrinas les gustaba cuidar a Rodrigo cada vez que venían a su casa. Viajaban con él en el cochecito y, a veces, la ayudaban a limpiar la casa. De todos modos, le hacían compañía siempre que era posible. Carlos pagó el impuesto predial, agua y luz; las hermanas trajeron comida y ropa y con lo que ganó compró medicinas y leche para su pequeño hijo.

Se preparó y vistió a Rodrigo con su traje más bonito. Tomaron el bus y Marcelo le preguntó:

- ¿A dónde vamos, tía?

- Voy a hablar con Mário.

- ¿Mi padre sabe sobre esto?

- No, nadie lo sabe. Marcelo, tengo que intentar hablar con él, nuestra separación fue muy confusa.

- ¿Será que el tío Mario cambió su forma de pensar? ¿No quiere dejar más a Rodrigo en un orfanato? Tú, tía, ¿lo abandonarás? abandonado? ¡No quiero que mi primo pequeña se aleje de nosotros! Me gusta ¡y lo quiero cerca! Te ayudo a cuidarlo. He estado ayudando, ¿no?

- Lo has hecho ¡y mucho! Todos me han ayudado. No, Marcelo, no abandonaré a mi hijo. vengo con esperanza que Mário, al verlo, comprenda que también debe amarlo y cuidarlo.

Marcelo no dijo nada, solo sacudió la cabeza como si dudara. Se bajaron del autobús.

- Según la dirección y lo que mencionó Carlos, el taller en el que trabaja es ese - dijo Lúcia.

- Ve tú tía, yo me quedo aquí sosteniendo el bolso, es mejor verlo solo con Rodrigo.

Lúcia sintió que su corazón latía con fuerza, entró al taller, un hombre la atendió.

- Buenas tardes, ¿en qué la puedo servir?

- Buenas tardes. Me gustaría hablar con Mário.

- Ya no trabaja aquí.

- ¿No? ¿Sabes dónde puedo encontrarlo?

- No.

Llamaron al dueño, pero nadie sabía a dónde había ido. Le indicaron la pensión donde vivía.

- Quién sabe, tal vez consigas información.

Lúcia quiso llorar, salió del taller, llamó a Marcelo y le contó.

- Vamos a la pensión, ven conmigo.

Allí tampoco obtuvo ninguna información.

El dueño comentó:

- Mario hablaba muy poco, trabajaba demasiado. Un sábado por la mañana me dijo que se iba a ir de la habitación, me pagó y se fue. Lamentablemente no sé a dónde.

Lúcia le dio las gracias, abrazó a Rodrigo y exclamó suavemente:

- ¡Tú me tienes, hijito, te amo y nunca te abandonaré!

Fueron a la parada del autobús. Marcelo la abrazó:

- ¡Tía, no estés triste! Yo, que soy primo, no tendría el valor de abandonar a Rodrigo. Si algún día tengo un hijo enfermo, lo amaré entrañablemente.

Lúcia le dio un beso a Marcelo. El sobrino tenía sólo 13 años y pensaba como un adulto sensato. En el autobús lloró.

- No llores, tía - pidió Marcelo.

- No voy a llorar más.

En casa lloró mucho.

- No debería esperar más. Esta separación fue definitiva. No puedo entenderlo. ¿Por qué eso?

Pero todavía lo esperaba. A veces, cuando llamaban a la puerta, su corazón se aceleraba, corría a abrirla y se desilusionaba.

Los días transcurrieron lenta y rutinariamente. Sólo estaba feliz con Rodrigo. Todos estaban encantados con su progreso.

- Tía, ven a ver a Rodrigo - llamó Marina, su sobrina -, aprendió a aplaudir. Aplaude para que mamá te vea. ¡Aplaude!

Llamó a la puerta, Lúcia se conmovió. Y Rodrigo estaba aprendiendo a sentarse, a hacer ruido con la boca, a decir adiós.

"¡Qué lástima que Mario no esté aquí para verlo! ¡No lo verá crecer!" - pensó Lúcia.

Y Mario no volvió.

Capítulo cuatro

Cambios

Cuando Mário decidió mudarse, estaba seguro que su esposa lo acompañaría.

"Lúcia me ama, vendrá conmigo, comenzaremos de nuevo. Trabajaré duro y pronto todo quedará olvidado. No tenemos que quedarnos con su hijo enfermo. Si la dejo pensar demasiado, todos interferirán. No quiero opiniones. Lejos de su familia estará mejor. Volveremos a ser felices."

Pasó la noche en la desesperada sala de embarque. Al otro día decidió que iría a casa y que Lúcia seguramente aceptaría dejar al niño en el orfanato y venir con él. Alquilaría una casa, se mudarían y alquilaría la casa donde vivían. Ella buscaría un trabajo y sin duda lo haría, ya que ella era responsable y trabajadora. Consultarían a los médicos, porque Lúcia no quedaría embarazada sin tratamiento, y si todo iba bien, tendrían otros hijos y este quedaría en el olvido. Estaba seguro que su esposa lo elegiría. Pero, cuando entró en la casa y vio a su cuñado, se puso nervioso y pensó:

"Lúcia comentó, y la familia ya intervino."

Cuando la escuchó suplicarle que se quedara, se dio cuenta que ella no se iría con él, se sintió despreciado, intercambiado y muy infeliz. Empacó su ropa en sus maletas y salió de la casa, esforzándose por no llorar. En el autobús, las lágrimas corrían por su rostro.

"Lúcia no me quiere. Es difícil de creer pero... Estoy seguro que tiene a alguien más, el padre del niño. ¡Ella no me quería!"

En la habitación de la casa de huéspedes, lloró mucho y decidió: "No voy a volver. ¡Cambio esta cambiado! ¡Tengo que conformarme, ella lo eligió!

Cuando metió su ropa en el armario, toda bien lavada y planchada, se puso muy triste y volvió a llorar.

Intentó trabajar duro para no tener tiempo de pensar. Se sintió muy infeliz.

"Tal vez Lúcia cambie de opinión. Al estar sola me extrañará, saben dónde estoy, el dueño del taller donde trabajaba les puede decir."

Cuando, semanas después, Carlos entró al taller, el corazón de Mário se aceleró, intentó ver que Lúcia estaba con él. Esperaba que su cuñado viniera a buscarlo.

A sus nuevos compañeros de trabajo no les agradaba. No se hizo amigo de nadie, hablaba poco y trabajaba mucho. Empezaron a sospechar, pensando que sin duda era una mala persona. Empezaron a tratarlo con rudeza.

Cuando Carlos volvió con él unos meses después y le entregó las llaves de la casa, estaba seguro que Lúcia lo despreciaba, que ya no lo amaba.

Al día siguiente faltó al trabajo y fue al banco donde se financiaba la casa y, volviendo dos veces más, logró acertar y transferir la financiación a otra persona.

No le gustaba la pensión donde se había instalado, en el trabajo sus compañeros eran hostiles; en otras palabras, no se sentía bien. Pensando que Lúcia no lo quería, que en realidad lo había cambiado por el niño, decidió partir de allí hacia otro barrio más lejano.

"¡Necesito olvidar! ¡Necesito hacerlo! Tal vez si cambio, los recuerdos permanecerán, no me acompañarán."

Dejó su trabajo, su pensión, cogió un autobús que le llevó al centro de la ciudad. No sabía a dónde ir. En el centro de la ciudad se quedó quieto pensando qué dirección tomaría. Dos señoras se detuvieron cerca de él y una de ellas le comentó a la otra sobre el barrio donde vivía. Lo dijo muy bien, que era tranquilo, limpio, buena gente, etc.

Mário entonces tomó una decisión y fue a ese barrio, de hecho le pareció agradable, caminó dos cuadras, vio una linda casa de huéspedes, entró, alquiló una habitación y le gustó el lugar. Salió a buscar trabajo. Entró un gran taller mecánico. El propietario necesitaba un empleado y propuso:

– Este camión está averiado. Si encuentras el defecto y lo solucionas, estás contratado.

Mário era un profesional nato, rápidamente encontró el defecto y arregló el vehículo. Al dueño le agradaron sus esfuerzos y lo contrató.

A Mário le gustó estar allí y actuó de manera diferente. Fue agradable, se hizo amigo de sus compañeros y explicó:

– Mis padres murieron, estoy solo, tengo dos hermanos que viven lejos. Tuve una pelea con mi ex jefe, vine aquí buscando trabajo y lo encontré.

Nadie quería saber más. Salía con sus compañeros solteros, iba al cine, al bar, pero no bebía. Parecía feliz, pero, cuando estaba solo, se acordaba de Lúcia, intentó enfadarse con ella.

"¡Ella prefería al otro! ¡Ese niño enfermo me la robó! ¡Debo olvidarla!"

Llevaba allí unos seis meses cuando conoció a Sonia, una mujer trabajadora, separada de su marido y con dos hijos. Empezaron a salir. Mário, necesitado, buscaba compañía, alguien con quien hablar, alguien que lo cuidara. Sonia también se sentía como él. Después de meses de noviazgo, se mudaron juntos. Mário quería volver a tener un hogar, la pensión estaba muy solitaria. Empezaron a compartir gastos, Sonia trabajaba como manicurista en una peluquería.

Sus dos hijos varones, uno de siete años y otro de nueve, lo aceptaron. Sin embargo, él no pudo comentar sobre su educación, ella no lo permitió.

Mario era enérgico, quería que los dos se portaran mejor, pero, para no pelear, no dio su opinión. Él siguió siendo infeliz. Pensó mucho en Lúcia y a veces se preguntaba qué estaba haciendo.

Un día, hablando de niños, Sonia lo sondeó:

- ¿No quieres tener hijos?

- No – respondió Mario secamente -. No quiero tener hijos. Tengo miedo que nazcan enfermos.

No me estás cobrando, ¿verdad? Ya tienes dos.

- Si me quisieras, lo habrías hecho. De hecho, yo tengo dos, pero tú no tienes ninguno. En cuanto a que un niño nazca enfermo, es un riesgo.

- ¿Riesgo? ¿Sabes por qué? ¿Por qué debería nacer un niño con una discapacidad mental?

- Creo que cuando un niño nace discapacitado, cuando muere, va al cielo - respondió Sonia.

- ¡Ahora! ¡Qué injusticia! ¡No estás siendo inteligente pensando así! - Dijo Mario emocionado.

- No es necesario que me ofendas. ¿A dónde crees que irá cuando muera un niño enfermo?

– Lo siento, Sonia, no quiero ofenderte. Y lo encuentro extraño. Dios enferma a un ser y luego le da el cielo; es lo mínimo que Él, el Todopoderoso, puede hacer después de este incidente. Pero luego Él es injusto con nosotros: nos hizo sanos y podríamos cometer errores, exponiéndonos al infierno, Sonia.

– Y analizándolo así, me parece raro – dijo.

– ¿Amarías a un niño enfermo? – Quiso saber Mário.

– Quizás más que a los demás. Amo a mis hijos si uno de ellos estuviera enfermo o discapacitado, intentaría ser mejor y amarlo más.

– Sonia, ¿darías en adopción a uno de tus hijos?

– No quieres que me separe de mis hijos, ¿verdad? – Preguntó Sonia, sorprendida.

– Por supuesto que no – respondió Mário – . Solo pregunto por curiosidad.

– La mujer que da a uno de sus hijos no tendrá el título de madre, aunque algunas tengan grandes dificultades y razones de peso para ello. Pero, si no lo haces por esta razón, ninguna madre debe ser separada de sus hijos.

– En tu opinión, ¿un niño con retraso mental es un motivo para donarlo?

– ¡Nunca! Y no uses ese término. Di "con necesidades especiales."

Sonia fue a la cocina a preparar el almuerzo y Mário sintió una opresión en el pecho y pensó:

"Quizás Lúcia sea como Sonia, una mujer que merece el título de madre."

Pasaron dos años juntos. Sonia y Mário no discutieron, pero uno se mostró indiferente al otro. Los niños, mayores, le respondían con rudeza. Sonia lo llamó para hablar.

- Mario, ¿estás contento conmigo?

- Estoy bien - respondió.

- Eso no es lo que pregunté - insistió.

- No, no estoy feliz. Tus hijos ahora ya no me aceptan, los prefieres a mí.

- No es eso, Mario. Hablas poco de ti y fuiste tú quien no los aceptó. Incluso yo. Nunca me amaste. Todavía la amas.

- No tengo otra - dijo Mario y pensó: "Sonia tiene razón, no me gustan sus hijos, los niños. Tal vez se dieron cuenta que yo no los amo y que no me quieren bien."

- Sé que exteriormente sólo estoy yo - dijo Sonia -. Pero, dentro, en lo profundo de tu corazón, está la otra: Lúcia. No te sorprendas, sé su nombre al escucharlo. Tú, mientras duermes, ya has pronunciado ese nombre muchas veces. No sé qué pasó, por qué se separaron, pero tú nunca dejaste de amarla. Intenté que la olvidaras, pero no creo que pudiera. Mário, cuando viniste a vivir con nosotros yo tenía a los chicos, no los prefería a ti. Son míos, ¿no lo entiendes? Los niños son diferentes, los amamos de manera diferente.

– ¿Qué sugieres, Sonia? – Preguntó Mário.

– Separémonos. Si en ese tiempo no pude lograr que me amaras, no tiene sentido intentarlo más. Encuentra un lugar donde quedarte y separémonos. ¡Creo que merezco ser amada

– ¡Te lo mereces, Sonia! ¡Perdóname! – Asintió.

– Mário, ¿por qué no la buscas?

– No quiero hablar de eso. ¡Fui cambiado!

– ¡Lo siento mucho! – Se lamentó Sonia con sinceridad.

Mário volvió a vivir en la pensión, pero decidió irse de allí.

"Supongo que debería cambiarme de nuevo" - pensó. "Conocer a otras personas, intentar olvidar el pasado... Cuanto más quiero olvidar, más lo recuerdo. Digo el nombre de esa chica ingrata que me encerró mientras dormía. Ella no quiere acostarse con nadie. Pensé que me gustaría Sonia, no pude.. Solo me involucraré con otra persona si estoy seguro que podré amarla. No quiero hacer sufrir a nadie. ¿Lúcia sufre? Eligió a su hijo. Pero, ¿tuve otra opción? ¿Actué bien? Nos llevamos, al cambiar, hacia dónde vamos, nuestras incertidumbres y dudas. Cómo me gustaría dejar estos sentimientos aquí e irme solo con entusiasmo. y certeza. Cambiarnos a nosotros mismos requiere mucho esfuerzo. Voy a hacer un cambio externo más, pero me voy a esforzar por cambiar internamente."

Renunció, su jefe intentó hacerle cambiar su decisión, pero Mário decidió irse de todos modos. Le dio la mitad del dinero que recibió a Sonia. Sus compañeros y amigos le organizaron una fiesta de despedida el sábado por la noche.

"Nace para ser placentero, lo sienten por mí al entrar. Vámonos" - pensó.

En la fiesta hubo alcohol, pero él no bebió nada, hicieron discursos. Se despidió de todos con un abrazo y prometió volver a visitarlos.

No durmió, se quedó en la habitación y, con cuidado de no hacer ruido, hizo las maletas. Salió temprano de la casa de huéspedes, habiendo pagado ya la habitación por adelantado. Y, para que la dueña no se preocupara, dejó una nota diciendo que había anticipado su partida; agradecía y enviaba un abrazo a todos.

El domingo por la mañana, autobuses vacíos, se dirigieron al barrio elegido. Esta vez ya había encontrado un lugar donde vivir, otra pensión. Y, según el diario, en los clasificados, un taller mecánico para trabajar. Lo visitó, fue entrevistado y contratado, consiguió empleo. No les dio esta información a sus amigos. Pensaron que sólo se iría el otro fin de semana y nadie sabía a dónde.

"¿Por qué no cambio mis sentimientos? ¿Por qué le guardo rencor? Lo siento por Lúcia porque me cambió, por haberme preferido a él antes que a mí. No entiendo por qué Dios me hizo esto. Nunca volví a ir a la iglesia ni a orar. Me siento vacío y sufro. Cambiar de lugar es fácil, difícil y conmovedor para adentro. ¡Empiezas de nuevo! ¡Ojalá, que esto sea realmente un cambio!"

Sólo podemos cambiarnos a nosotros mismos. Podemos instruir a otros, transmitir preceptos, guiar y, lo más importante, dar ejemplo. Pero depende de cada uno de nosotros cambiar.

Instalado, comenzó a trabajar.

Capítulo cinco

Reencarnación

Lúcia, a medida que pasaba el tiempo, se sentía más tranquila; a la espera de Mário, pero sus esperanzas se estaban agotando. Trabajaba mucho y el trabajo era una terapia para ella. Cansada, dormía y no tuvo tiempo de pensar.

Su familia siguió ayudándola mucho y todos querían a Rodrigo, quien era mimado y halagado.

Meses después que Lúcia se mudara, Cecilia y su familia vinieron a vivir en la misma calle, a dos casas de distancia. La casa en la que se establecieron fue construida por ellos. Las dos se hicieron muy buenas amigas.

Cecilia era tranquila, conservadora y muy amable. Estaba casada, su marido era atento, cariñoso y tuvieron tres hijos: un niño y dos niñas. Aunque con problemas, porque son difíciles de superponer y no tenían muchas dificultades, estaban felices, alegres y siempre dispuestos a ayudar. Cecilia iba mucho a casa de Lúcia y sus hijas.

Estaban dando un paseo con Rodrigo y a él le gustaron mucho. Fue Cecilia quien indicó a Lúcia:

- ¡Necesitas llevar Rodrigo al dentista!

Los acompañó al dentista. Rodrigo padecía caries, Cecilia ayudó a pagar el profesional. También aconsejó a Lúcia que lo internara en una escuela especializada, la APAE[1], y también llevarlo a un fisioterapeuta, para que hiciera ejercicios. Cecilia y sus hijas llevaban a Rodrigo tanto a la escuela y al fisioterapeuta, varios días a la semana.

Rodrigo se desarrolló mucho con estas actividades. Le gustó mucho ir a APAE, donde pudo aprender muchas cosas. Y Lúcia siempre exclamaba agradecida:

– ¡Qué gente tan amable hay! ¡Qué maravillosa institución es esta APAE! Bienaventuradas aquellas personas que ayudan a otros con discapacidad.

Lúcia le contó a Cecilia todo lo que le había pasado y se quejó.

– Quería entender por qué Rodrigo nació así. Soy una persona religiosa, temerosa de Dios y no pequé. Estoy segura que no hice nada malo. Es difícil aceptar "Dios así lo quiso." ¡Qué bien me haría comprenderlo!

– ¿Alguna vez has oído hablar de la reencarnación? – Preguntó Cecilia.

– Realmente no entiendo qué es eso – respondió Lúcia –. Ya escuché hablar de ella. Escucho mucho: en la próxima encarnación queremos ser ricos, o nacer hombre o mujer, ser blancos, etc.

– Lúcia – dijo Cecilia, lentamente –, ¿serías capaz de infligir un castigo a un niño, o a una persona, sin darle al menos la oportunidad de cambiar? ¿Incluso si te hubiera hecho algo malo?

– ¡No! – respondió Lúcia –. Mário me lastimó, pero no quiero que sufra, quiero que esté bien, creo que nadie merece ser castigado sin poder mejorar.

---

[1] Asociación de padres y amigos de los excepcionales. Para obtener más información sobre la institución, visite el site www.apacsp.org.br

– ¿Dios es nuestro padre? ¿Madre?

– Yo creo que sí, Él es nuestro Creador. Somos sus hijos.

– Si tú y yo pensamos que no castigaríamos a nadie sin darle la oportunidad de mejorar, ¿crees que Dios haría eso? – Preguntó Cecilia.

– Creo que no. Pero hay misterios.

– Misterios que podemos comprender – aclaró Cecilia –. A través de la reencarnación comprendemos la misericordia de nuestro Creador. ¿Has pensado alguna vez, Lúcia, que la Tierra está habitada desde hace mucho tiempo y que ahora vivimos, una media, 60 años? ¿Y qué son 60 años comparados con miles? La humanidad ha progresado en conocimiento. Dios creó nuestro espíritu y hemos aprendido usando diferentes cuerpos físicos en diferentes lugares y situaciones.

- ¿Estás tratando de explicarme que a través de la reencarnación muchas veces regresamos a vivir a la Tierra para aprender? - Preguntó Lúcia.

- Ese es el objetivo - aclaró Cecilia -. Y cuando te niegas a aprender a través del amor, el dolor también puede enseñar. Somos libres de realizar buenas o malas acciones y las consecuencias de estas acciones regresan a nosotros. Cuando actuamos mal imprudentemente, no existen castigos interminables, la reacción puede ser de sufrimiento, pero es temporal, dura según las necesidades de cada persona. Dios nos da oportunidades para reparar nuestros errores, para aprender del sufrimiento a progresar.

- Rodrigo pudo haber hecho mal, no fue al infierno, su espíritu volvió a nacer en otro cuerpo, discapacitado, para aprender a través del dolor porque se negó a aprender a través del amor.

- ¿Es eso es lo que quieres explicarme?

– Sí, Lúcia, es eso. Nada es por acaso. Para todo hay explicaciones. Rodrigo, en el pasado, debió haber hecho algo de lo que se arrepintió mucho, que dañó su cuerpo espiritual y se reflejó en su cuerpo físico.

– ¿No es peligroso creer eso? ¿Pensar que cometió un error, debe pagar, que se lo merece y debe sufrir? – Lúcia quería saber.

– ¿Eres capaz de ver a alguien sufrir, poder ayudar y no hacerlo?

– ¡No! – Exclamó Lúcia, respondiendo rápidamente.

Cecilia sonrió tranquilamente y continuó explicándole a su amiga:

– Jesús nos recomendó *"hacer por los demás lo que nos gustaría que hicieran por nosotros."*[2] Dios quiere que nos ayudemos unos a otros. Eso es caridad. ¿Quién de nosotros no necesita ayuda? Y ayudar a aquel se ayuda. Al redireccionar, entendemos las muchas causas del sufrimiento y también que debemos ser fraternos y benevolentes para recibir la recompensa de nuestras buenas obras.

– Entonces es correcto decir que nació así porque cometió un error – dedujo Lúcia.

- No debemos pensar en lo que hicimos en el pasado, sino en lo que estamos haciendo en el presente. Existe la ley del retorno, tanto para las buenas como para las malas acciones.

– Yo, siendo su madre, debí haber pecado también.

– Lúcia – continuó explicando Cecilia –, te recuerdo la parábola de la adúltera en la que Jesús dijo: *"El que de vosotros esté libre de pecado, que le tire la primera piedra."*[3] Él entendió nuestras debilidades y necesidades y le dijo a aquella mujer: "¡Vete y no

---

[2] Allan Kardec, *El Evangelio según el Espiritismo*, Capítulo 11, ítem 4.

[3] Juan, 8: 8.

peques más!" No debemos pensar en los errores, especialmente los de los demás, ni juzgar. Y no sufrimos solo porque cometemos errores. Sufrimos con quienes amamos y a veces preferimos sufrir con ellos. Tú, Lúcia, no diste a Rodrigo en adopción, preferiste quedarte con él. ¿Podría ser que no tomaste esta decisión antes de reencarnar? Lo amas tanto que lo quieres cerca de ti.

- Sí, Cecilia, tienes razón. Amo a mi hijo y debo estar agradecida con Dios por estar cerca de él. ¿Qué religión sigues para entender todo esto?

- Soy espírita. Hay varias religiones que entienden la reencarnación y muchas son orientales. La Doctrina Espírita es consoladora y esclarecedora, nada es un misterio para nosotros, todo está explicado, llevándonos a la razón.

Cecilia se fue y Lúcia se quedó pensativa.

"Creo que la reencarnación explica por qué mi hijo tiene esta discapacidad. Quiero aprender más."

Cuando Cecilia invitó a Lúcia a ir al Centro Espírita a recibir un pase, ella la cuestionó:

- ¿Es cómo bendecir? ¿Puede ir Rodrigo? No lo llevo a misa, no se queda quieto. El cura me dijo que si no tengo con quién dejarlo, no peco si no voy.

– Lúcia, como te dije, Dios quiere que nos ayudemos unos a otros. Uno de sus hijos ayudando a otro. Pase y transmisión de energías. Los pasistas, junto con los espíritus bondadosos, al dar un pase, quitan las energías nocivas de quien las recibe y le transmiten las beneficiosas. Aunque las bendiciones son diferentes, los objetivos son los mismos: hacer el bien. Rodrigo puede ir. Antes de las conferencias, un equipo de pasistas aplica pases a niños y madres que no pueden quedarse.

– ¡Yo voy! – Dijo Lúcia.

Cecilia los llevó. Rodrigo se quedó callado y esa noche durmió y estuvo tranquilo. Lúcia empezó a ir al Centro Espírita con su pequeño hijo.

– El miércoles un ponente dará una charla sobre la reencarnación. ¿No quieres asistir? Si quieres me quedo con Rodrigo – la invitó Cecilia.

– ¡Claro que quiero!

Lúcia quedó asombrada por la claridad con la que el orador habló sobre el tema y las citas de la Biblia, que hablaban de la reencarnación. El orador la hizo pensar cuando preguntó:

– Si nuestra existencia es única, ¿cómo convivirá el salvaje con el hombre educado en la espiritualidad? El instruido tenía una manera de superarse y el otro no. Y si alguien no fuera capaz de aprender, ¿se quedaría sin instrucción? ¿Y los niños que mueren siendo jóvenes y no saben hacer ni el bien ni el mal, estarán entre los elegidos? Quienes murieron siendo adultos pudieron hacer el bien o el mal, ¿se sentirán perjudicados? ¿Eran algunos privilegiados? ¿Por qué es eso?

Admitiendo existencias consecutivas, todo puede ser explicado. Lo que no se puede hacer en una existencia, se puede hacer en otra, así nadie escapa a la Ley del Progreso. A todos se les dan oportunidades."[4]

Una vez terminada la charla, Lúcia se fue rápidamente, no quería ser abusiva, Cecilia estaba con Rodrigo en su casa. Encontró a los dos jugando en la sala de estar.

– Entonces, Lúcia, ¿te gustó la charla? – Quiso saber Cecilia.

Lúcia se sentó en el sofá, suspiró, se secó unas lágrimas y contestó emocionada:

---

[4] Las preguntas que impresionaron a Lucía, el disertante las tomó de *El Libro de los Espíritus*, de Allan Kardec, Parte 2, Capítulo 5, "Consideraciones sobre la pluralidad de las existencias."

– Durante mucho tiempo quise estar segura que Dios es justo. Tenía muchas ganas de entender por qué Rodrigo nació discapacitado. Recé mucho, le pedí a Dios que me hiciera comprenderlo. Agradezco que Él me haya respondido. Todo lo que escuché sobre la reencarnación parece que lo sabía, que estaba escondido dentro de mí y que el velo me fue quitado. Gracias Cecilia.

La amiga también lloró y la abrazó.

– Si quieres te traeré algunos libros espirituales para que los leas. ¿Quieres?

– ¡Sí, claro!

Aliviada, Lúcia oró con alegría esa noche. Miró a Rodrigo que dormía en la cama al lado, lo besó y habló conmovida:

– ¡Hijo pequeño, te amo! Siempre estaré a tu lado. ¡A partir de ahora estaré aun más orgullosa de ti!

Agradeció a Dios por la oportunidad de reparar errores, aprender y estar cerca del cariño.

Por la mañana, Cecilia le llevó *El Evangelio según el Espiritismo* para leer. Por la noche, Carlos e Isabel fueron a visitarla y la encontraron feliz, se dieron cuenta y quisieron saber por qué. Lúcia, feliz, les contó lo que entendía sobre la reencarnación. Su hermano comentó:

– ¡Esta teoría no entra en conflicto con mi razonamiento y es coherente! Yo también quiero ir al Centro Espírita y deseo leer este libro, *El Evangelio según el Espiritismo*. Cuando Rodrigo se fue a dormir, Lúcia tomó el libro de Allan Kardec y comenzó a leer donde Cecilia había dejado un marcapáginas: Capítulo 4– "Nadie puede ver el reino de Dios si no nace de nuevo."

– ¡Cuántas citas de los Evangelios! – exclamó Lúcia admirada – . Qué texto tan interesante este en el que Jesús interroga a sus discípulos sobre quién creían que Él era.[5] Destacas este otro párrafo: "Jesús afirma que Elías regresó - reencarnado - como Juan Bautista."[6] Es la conversación que Jesús mantuvo con Nicodemo la que no nos deja ninguna duda: el Maestro afirmó: *"Nadie puede ver el reino de Dios si no nace de nuevo."*[7]

Lúcia sacó su Biblia y revisó todos los pasajes citados.

– ¡Es eso mismo! ¿Por qué no los entendí antes?

Le gustaron mucho las explicaciones dadas en el libro.

Los leyó de nuevo.

– Lúcia, te traje este recorte de un periódico espírita, habla de la reencarnación. Y una oración.

Lúcia leyó en voz alta:

"Te agradezco, Padre Celestial, por la oportunidad de reencarnar, en esta escuela terrena donde aprendemos a amar, a perdonar, donde podemos aprender de los errores lecciones para éxitos futuros... Porque, de existencia en existencia, de paso a paso, el progreso nos espera con bendiciones para que podamos alcanzar la felicidad y la paz que tanto deseamos. Bienaventurados los que aman sin sufrir y bienaventurados los que sufren y aprenden a amar..."[8]

Ella se emocionó y abrazó agradecida a su amiga.

Comenzó a asistir al Centro Espírita, llevando a Rodrigo a recibir el pase. Dos meses después, la coordinadora de Evangelización Infantil se acercó a Lúcia y le extendió una invitación:

---

[5] Mateo, 16: 13-17; Marcos 8: 27-29.
[6] Mateo, 17: 10-13; Marcos 9: 10-12.
[7] Juan, 3: 1-12.
[8] Oración escrita por Antônio Carlos en el libro *Reconciliación*. En 2005 fue leído junto con otros artículos para formar el libro *Seamos Felices*, publicado por Petit Editora.

– Lúcia, ¿por qué no traes a Rodrigo a la evangelización? Los jueves, mientras los padres asisten a las conferencias y reciben el pase, los niños toman clases sobre las enseñanzas de Jesús.

– Pero Rodrigo es especial y no sé si se quedará callado – respondió tímidamente la joven madre.

– Él realmente es especial, hermoso y educado. Los niños no se quedan quietos, por eso tenemos actividades interesantes. Rodrigo puede quedarse en la habitación de los niños pequeños. ¿Por qué no lo intentas?

– Me encantaría.

Y funcionó. A Rodrigo le gustó mucho. Recibiría el pase e iría a la habitación con los niños más pequeños. Una de las hijas de Cecilia lo acompañó la primera vez. Lúcia se quedó en la habitación, aprensiva, pensando que alguien vendría y le pediría que se quedara con su hijo, pero eso no sucedió.

– Mami - dijo Rodrigo cuando la encontró en la salida -, te hice este dibujo. ¡Es un sol!

Rodrigo no hablaba correctamente, en el colegio hizo tratamiento con un logopeda, pero todos entendían lo que decía. Lúcia tomó la hoja extendida, estaba garabateada y nada parecía ser el sol.

– ¡Gracias hijito! ¡Tu dibujo es hermoso!

Él sonrió felizmente.

– No sé por qué – continuó diciendo Carlos –, pero definitivamente debe haber una razón para que no me guste doña Nitiña. El pasado no debe interferir con el presente, porque el pasado es pasado y no podemos cambiarlo. Pero sí, podemos cambiar el presente, especialmente nuestros sentimientos. ¡Antipatía por simpatía! Y así lo hice. Compré un dulce que sé que le gusta, recogí algunas flores de nuestro jardín y fui a visitarla. Doña Nitiña, cuando abrió la puerta y me vio, me miró asombrada.

– Hola señora Nitiña, ¿cómo está? Te traje unos dulces – dije.

– ¡Gracias! ¡Entra! – Me invitó.

Hablamos sentados en el sofá de su salón. Me admiré cuando ella me dijo:

– Carlos, siempre eres tan amable con todos, incluso conmigo. Siempre tuve la impresión que no me soportabas y me temía. Recé mucho para que te agradara.

Tomé su mano y le dije:

– ¡Bueno, me gustas!

Miré su mano que estaba entre las mías y se acabó la impresión de verla sosteniendo el látigo, vi su mano deformada por el reuma. ¡Fue un alivio!

– Papá invitó a doña Nitiña a almorzar en casa. Ella fue y pasamos una tarde agradable – comentó Marisa.

– Creo – dijo Carlos –, o mejor dicho, estoy seguro que la reencarnación explica esta antipatía que sentía tanto es así que también la hizo buscar explicaciones y encontrarlas en la Doctrina Espírita. Y a menudo acudían a un Centro Espírita cercano a su casa. Temiendo las críticas, no nos hizo ningún comentario. Como nosotros asumimos el Espiritismo, ellos hicieron lo mismo.

– No entendí por qué no lo habían asumido – comentó Lúcia –. Dios nos hizo libres para seguir la religión que creemos que es mejor para nosotros. Aquellos que se esconden o se avergüenzan de seguir un programa tienen prejuicios.

Carlos abrazó a Rodrigo y le dijo afectuosamente:

– Rodrigo, mi querido sobrino, ¡te hemos dado mucho, pero tú nos has dado mucho más! Gracias a ti buscamos respuestas y las encontramos muy cerca, en un Centro Espírita. A través de sus enseñanzas, nosotros, especialmente yo, nos dirigimos a Dios. Tú, mi angelito nos diste lo mejor parte: creer con comprensión. ¡Eres muy importante para nosotros!

Rodrigo no entendió, pero sintió el cariño de su tío. Él se rio y aplaudió. Siempre aplaudía cuando estaba feliz.

Capítulo seis

Historia de una amiga

Lúcia lo había notado, desde que conoció a Cecilia, que la amiga tenía cicatrices en las muñecas.

Siempre vestía blusas largas de seda, pulseras y un reloj en un intento de ocultarlos.

Una tarde, la amiga la visitó, se sentaron en el sofá y charlaron mientras ella cosía. Rodrigo estaba en la escuela. Cecilia se acomodó el reloj en la muñeca y Lúcia, curiosa, le preguntó:

– ¿Qué te pasó para tener estas cicatrices?

– Un intento de suicidio – respondió Cecilia.

– ¡¿Qué?! – Exclamó Lúcia asombrada; dejó de coser y la miró asombrada.

– ¡Es una larga historia! – Dijo Cecilia.

– Perdón por mi sorpresa, no quise ser indiscreta. Estoy asombrada, nunca pude imaginar que hayas atentado contra tu vida, que tal vez hubieras querido morir.

– ¡No, Lúcia, nunca quise morir! Quería deshacerme de una situación que me causaba dolor, vergüenza y humillación. Quizás sea complicado de entender, pero eso es todo. ¡Me pasó a mí! A través de mi trabajo voluntario he escuchado mucho esta afirmación, aunque alguna gente no sabe cómo entender esto cuando sufre. Pero así es, la mayoría de la gente quiere poner fin al sufrimiento que viven y no saben cómo.

Cecilia hizo una pausa y Lúcia pensó:

"De hecho, Cecilia está muy dedicada a ayudar a la gente. Hace un hermoso trabajo de asistencia social en el Centro Espírita. Habla con personas con problemas y las orienta en las entrevistas."

– A veces nos confundimos – continuó diciendo Cecilia –. No queremos abandonar la vida en el cuerpo físico, sino deshacernos de los problemas y dificultades. Queremos vivir, no sufrir. ¡Y el dolor no se mata solo! Tenemos que encontrar soluciones a las dificultades, resolver problemas y comprender el sufrimiento… no es fácil. A veces parece que no hay soluciones. ¡Pero las hay! Todo acaba quedando en el pasado. Si tenemos paciencia el sufrimiento pasa, pero las personas que atentan contra su vida, creen que al morir todo termina. Sabemos que ese no es el caso. Las dificultades y los problemas aumentan y el dolor se hace más fuerte. Muchas personas con ideas suicidas, cuando se les pregunta, realmente quieren poner fin a su sufrimiento. ¡Nunca quise la muerte! Quería una vida diferente. Como no sabía cómo solucionarlo, y no tenía paciencia para esperar a que pasara, pensé que si moría me libraría de la situación en la que me encontraba.

-¡Me alegro que no hayas muerto! - Exclamó Lúcia con sinceridad -. ¡Has sido de gran ayuda! Si no fuera por ti, mi vida sería mucho más difícil.

- ¿Alguna vez has pensado, Lúcia, que a través de un acto irreflexivo cambiamos nuestra vida y la existencia de muchas personas? Ciertamente, si me hubiera descarriado en aquel momento, no me habría casado ni habría sido madre de mis hijos. Encontrarías otros amigos, te ayudarían, porque te lo mereces, pero no sería para mí. A veces me gusta mirar mis cicatrices y rezar con gratitud a Dios para que no se hayan desvanecido. Estas marcas me alientan a ayudar a otras personas como me ayudaron a mí.

Lúcia se levantó, se acercó a su amiga, la abrazó y le habló conmovida:

- ¡Qué maravilla que estés aquí!

– ¡Gracias! – Agradeció Cecilia –. ¿Quieres escuchar mi historia? ¿Tendrás la paciencia para escucharme?

– ¡Cecilia, me has escuchado tantas veces! ¡Lo siento!

– ¿Por qué te estás disculpando? – Preguntó Cecilia.

– Por mi egoísmo. Siempre les pido consejo, orientación, a veces incluso me quejo. No sé por qué pensé que tú, por dar tanto de ti, no tenías ningún problema. Si quieres contarme qué te pasó seré discreta.

– Te conozco desde hace mucho tiempo, Lúcia, sé que eres discreta. Muchas personas, especialmente las que trabajan conmigo en el Centro Espírita, saben que ya he intentado suicidarme, solo conocen a medias las causas, pocos son conscientes de lo que realmente me pasó. Quiero contarte. Hablar de lo que nos pasó con personas que nos agradan, especialmente si estos hechos aun nos angustian, alivia nuestra angustia y nos sentimos mejor. Vuelve a coser. Intentaré resumir.

Lúcia volvió a sentarse frente a la máquina de coser y se puso a trabajar; Cecilia se sentó en el sofá y habló lentamente:

– Tenía dos hermanos mayores que yo, yo era la menor, vivíamos en nuestra propia casa en un barrio alejado de donde vivimos. Mi padre era un profesional autónomo, mi madre se ocupaba de la casa y de nosotros. Mamá siempre tuvo preferencia por mi hermano del medio y siempre fue grosera conmigo, no atacándome físicamente sino con palabras. La impresión que tuve fue que ella estaba tratando de tratarme mejor. No me molestaba, jugaba con mis amigos, ayudaba a mi madre con las tareas del hogar y estudiaba. Antes de cumplir 19 años, mi hermano mayor, André, se casó y su novia quedó embarazada. Se fue a vivir a la parte trasera de la casa de sus padres, en un barrio lejano. Mi otro hermano, de 16 años, fue con unos amigos a aprender a andar en moto, a escondidas de mis padres. Ninguno sabía conducir y se divertían imprudentemente. A su vez, subió a la parte trasera de un camión. Fue un accidente horrible, desencarnó en el acto. Fue un shock tremendo. Mamá se desesperó, pensé que ella también iba a perder el control. Fue un período de gran tristeza. En el velorio, mi madre acusó a sus amigos, quienes lloraban desesperados. Se desmayó varias veces. Yo tenía 12 años.

Fue muy triste regresar a casa, y nuestra casa se convirtió en un lugar de revuelta y amargura. Vecinos y familiares nos ayudaron, vinieron a hacernos compañía, pero las visitas fueron disminuyendo. Papá estaba callado, mamá solo lloraba, sentí mucho la ausencia de mis hermanos. Nunca tuve celos porque este hermano que falleció era mi favorito; me gustaba, era alegre y juguetón. Ha pasado tanto tiempo y aun siento su falta, lo extraño.

Cecilia suspiró, hizo una pausa y Lúcia dijo:

– Puedo entender el dolor de tu madre, pero no debería haber actuado así. No está bien actuar así, encerrarse en el sufrimiento, olvidándose de otras afecciones y de lo que ellas también sufrieron.

– Y eso fue lo que hizo mamá – continuó Cecilia contando –. Parecía que no le quedaba nada. Que lo perdió todo. Ella no se dio cuenta. Yo era quien cuidaba la casa, hacía de todo, ella no se quejaba, no me daba atención ni cariño. Papá me acariciaba, no me gustaba la forma en que lo hacía y no entendía por qué actuaba de esa manera. Pero fue la única atención que recibí. Mamá empezó a ir mucho al cementerio. A veces la acompañaba, pero como tardaba y yo tenía que hacer muchas cosas en casa, ya no me llevaba. Nació el hijo de mi hermano André, los vimos poco. Fue en una de esas salidas, donde mi madre fue al cementerio, donde mi padre llegó a casa, cerró la puerta con llave y me violó.

Lúcia hizo un sonido con la boca, intentando pronunciar "¡oh!" Dejó de coser, sus ojos se abrieron y miró a su amiga sin saber qué hacer o decir.

– No escuchaste mal, Lúcia. ¡Eso fue todo! Este acto bárbaro me pasó a mí. Me jaló, me llevó a mi cama, quise reaccionar, salir corriendo, pero no pude. Sentí mucho dolor, vergüenza y desesperación. El no dijo nada. Cuando terminó, me advirtió:

– Cecilia, ¡no le digas a nadie sobre esto! Tu madre no lo creerá y te daré una paliza.

Sin saber qué hacer, lloré mucho. Cuando mamá llegó a casa, le pregunté:

– Mamá, por favor no salgas tanto. Quédate más tiempo con nosotros.

– ¿Por qué, niña? ¿No quieres hacer el trabajo? ¡Perezosa! ¿No quieres ayudar? ¿No sabes que sufro?

– ¡Yo también sufro! – Respondí llorando –. ¡Entiendo! Perder un hermano como el tuyo, un ser perfecto, solo puede hacer sufrir también. ¡Creo que está bien que sufras! Pero tengo que ir allí, ver su tumba, hacerle compañía. ¿No entiendes?

- ¡Pero mamá…!

- ¡Basta! - Exclamó mi madre decidida -. ¡Iré cuando quiera y no se habla más de eso!

Tenía mucho miedo de mi padre. Hice todo lo posible para no estar a solas con él, pero no pude y me violó muchas veces. Tenía 13 años, me sentía sola, sin valor para contarle a nadie lo que me hizo mi padre. Mamá permaneció ajena a su sufrimiento. Decidí poner fin a esa agonía. ¿Entiendes ahora Lúcia? No quería morir, sino poner fin a esa situación. Mamá se fue, sabía que llegaría mi padre, entré al baño, tomé una navaja y me corté las muñecas. No sentí ningún dolor, me senté en el suelo, la sangre fluyó, me acosté en el suelo frío. Oí ruido, sentí una extraña satisfacción y pensé:

"¡Mi padre no me maltratará esta vez!"

Lo escuché gritar, salir corriendo, otras personas ayudándome y no vi nada más. Me desperté en una cama de hospital. Un médico, nuestro vecino, vino a verme.

- Entonces, Cecilia, ¿cómo estás?

- ¡No morí! Todo volverá a ser como antes. ¡Mi padre ganó! - Pensé.

Mi tía Jandira, la hermana de mi padre y mi madre entraron en la habitación. Estaba acostada recibiendo suero, bajé la vista cuando se acercaron a mí. Mamá me criticó:

– ¡Hija ingrata! ¿Por qué este intento de suicidio? ¿No te estoy dando un ejemplo? ¡Por mucho que sufrí, no quería morir! ¡Dios es injusto! ¡Quieres morir y Él se lleva a mi amado hijo! ¿Por qué no te llevó?

– ¡Cállate! – Ordenó tía Jandira –.¿Cómo estás, Cecilia?

No respondí, la tía me acarició la cara con cariño.

Mamá me preguntó:

– ¿Porque hiciste eso? ¿Por qué intentaste morir?

La tía no le dejó responder, dijo decidida:

– Cecilia, ¿no quieres venir a quedarte conmigo un rato? Ya le pregunté a tu padre, quien estuvo de acuerdo y tu madre no se opone.

– Ella puede irse – dijo mamá. No puedo darme el lujo de vigilarla para que no vuelva a cometer este error.

No me gustaba la tía Jandira, la encontraba molesta, pero podría ser una solución. En su casa al menos no había hombres.

La tía era viuda, tenía dos hijas, una era monja y la otra trabajaba en otra ciudad y solo venía a visitarla ciertos fines de semana.

– Me harás compañía y yo te ayudaré – dijo mi tía.

Asentí. Y la tía decidió todo por mí.

– Hoy voy a ir a tu casa y tomar todas tus cosas, te voy a pedir que traslades tu escuela a una cerca de mi departamento. El médico te dio el alta el viernes y vendré a buscarte. Sal de aquí y ve directamente conmigo a mi casa.

Sólo más tarde comprendí que tenía una enfermedad venérea. Las enfermeras me enseñaron a usar un medicamento y tomé muchos otros. Mi padre no me visitó, mi madre volvió una vez más y durante esa visita hablamos poco. La tía vino a recogerme y nos fuimos a su apartamento. Ella fue amable, me agradó, me pidió que me sintiera cómoda, pero me recomendó:

- Tú, sobrina mía, debes olvidar los desagradables acontecimientos que te sucedieron. Aquí te aseguro que no te pasará nada malo.

No me dejaba trabajar, me compraba ropa, blusas de manga larga. Estábamos en el invierno, escondí las heridas en mis muñecas que ya no me dolían. Había cicatrices en mi cuerpo y marcas grandes y profundas en lo más profundo de mi ser. La tía invitó a mis compañeros de clase, vecinos del edificio, chicas de mi edad a venir a su departamento y nos gustó. Salía conmigo, salíamos a caminar, intentaba distraerme, animarme. Ella me gustaba mucho, ya no la encontraba molesta y poco a poco me empezó a gustar, meses después la amaba como si fuera mi madre.

- En verano, la tía me compró relojes y pulseras anchas y me pidió que me los pusiera. Les dijo a todos, vecinos y amigos, que como estaba sufriendo tanto por la muerte de mi hermano, intenté suicidarme. Que vivía con ella porque mi madre estaba deprimida. Empecé a ser muy retraída y tímida, me creía diferente, me sentía sucia y culpable. Sí, Lúcia, me sentí culpable por permitir que mi padre me hiciera lo que me hizo.

La tía Jandira me llevó a ver a mi madre cuando supo que mi padre no estaba en casa. Mamá me abrazó y me preguntó cómo estaba.

– ¿No quieres volver a casa? Necesito ayuda. Cuando hago las tareas del hogar, no tengo mucho tiempo para ir al cementerio – se quejó mamá.

Me asusté. No quería volver a casa. Más aun sabiendo que mamá saldría a visitar la tumba de mi hermano en el cementerio. La tía respondió por mí.

– Délia – nombre de la madre –, ahora Cecilia no puede regresar. La escuela en la que estudia no ofrece transferencias en esta época del año y no hay vacantes en la escuela cercana aquí. Después ganó una beca para realizar un curso de inglés y este estudio es muy importante para Cecilia. Ella está bien conmigo.

– ¿Quieres quedarte con tu tía? – Preguntó mamá.

– ¡Sí, quiero! ¡Por favor déjame quedarme! – Le pedí.

– Está bien. No haces nada allí, ¿verdad? No hay otro hijo como el mío que haya perdido. Él no me abandonaría. ¡Quédate ahí, es mejor! – Dijo mamá emocionada.

La tía cambió de tema. A la vuelta, en el autobús número 6, le pregunté:

– ¿Gané una beca de inglés? No sabía de eso.

– Bueno, acabas de ganar. Yo pagaré el curso.

– Tía, no quiero que gastes más dinero conmigo.

- Puedo pagar este curso. Entonces no quiero que vuelvas a la casa de sus padres. ¿Quieres volver? - Preguntó la tía Jandira.

– Quiero quedarme contigo – declaré y le agradecí sinceramente -. ¡Gracias tía!

Ya no hablamos de mi intento de suicidio. Sólo muchos años después, cuando ya estaba casada y mi tía estaba enferma, me dijo que lo sabía todo. Y me contó lo que me pasó cuando me corté las muñecas. Cuando papá me vio ensangrentada, gritó pidiendo ayuda. Un vecino que era médico y salía de casa para ir a trabajar me dio los primeros auxilios y me llevó al hospital. Debí mencionar la violación porque me examinaron y descubrieron que tenía una enfermedad venérea. No debí mencionar el nombre de quien me hizo esta barbaridad. ¡El médico le dijo a mi tía que tenía una enfermedad de transmisión sexual! y que ya había tenido relaciones sexuales. Mi tía le pidió que no mencionara este hecho a mis padres, alegando que estaban traumatizados por la pérdida de su hijo. Y que seguramente había tenido un novio que había terminado la relación, llevándome a cometer esa imprudencia y que se haría responsable de mí. No sabíamos si el médico sospechaba o no, pero hizo lo que le pedía su tía y no se lo contó a nadie.

La tía Jandira conocía a su hermano, mi padre, estaba segura de que era él. Protegió a su hermano, a su familia de un escándalo, pensó que si su madre lo sabía se moriría de desamor. Entonces sería su palabra, que por supuesto lo negaría, contra la mía. Me dijo que él también pensaba en mí, si el asunto salía a la luz sufriría mucho por los comentarios y siempre sería recordado como "la niña que fue violada por su padre."

Aprovechando que Cecilia tomaba un descanso, Lúcia le preguntó:

- ¿Crees que tu tía hizo lo correcto?

- No lo sé, Lúcia. A veces pienso que sí. Es muy triste ser el blanco de comentarios. Seguramente mucha gente sentiría lástima por mí, pero algunas personas más maliciosas pensarían, como lamentablemente ocurre en algunos casos de violación, que nosotras las mujeres la provocamos. Incluso cuando era niña, podía escuchar algo así. Y la tía tenía razón cuando dijo que mi madre sufriría mucho, porque quería a mi padre y confiaba mucho en él. Sólo con nuestro silencio quedó sin el castigo de la justicia terrenal.

- ¿Crees que recibiría represalias por sus acciones? - Preguntó Lúcia.

- ¡Las buenas o malas consecuencias de nuestros actos nos pertenecen! - Exclamó Cecilia suspirando tristemente y volvió a narrar:

- Ya no quería morirme cuando la tía me sacó de esa terrible situación, aunque seguí sufriendo. La tía Jandira y mis primas fueron amables conmigo. Y valoré lo que me ofrecieron y nos hicimos grandes amigas. Mamá ya no insistió para que regresara a casa. Vi a mi padre un par de veces, él no se acercaba a mí, me hablaba poco. Pero solo me vi un par de veces.

Me miraba con expresión maliciosa. Solo fui a visitar a mis padres con mi tía y cuando vinieron a verme, la tía Jandira no se apartaba de mi lado. Me sentí protegida.

Tenía 18 años y no quería involucrarme con nadie, muchos chicos querían salir conmigo, algunos incluso insistían. Conocí a Celso, fue muy atento y encantador. Una de sus tías vivía en el mismo edificio en el que vivíamos nosotros. A la tía Jandira le gustaba mucho y quería que saliera con él. Celso estaba por graduarse, tenía un buen trabajo. Él fue persistente y terminamos saliendo. Maedele, mi suegra, mi gran amiga, me agradó mucho. Empecé a preocuparme cuando Celso empezó a decir que quería casarse conmigo.

"¿Le cuento lo que me pasó o no?" - Pensé angustiada. Estaba agonizando, Celso me gustaba, pero no permitía que me tocara. Se dio cuenta de que estaba sufriendo y trató de ayudarme. Se lo mencionó a su madre, quien me invitó a almorzar a su casa.

Después del almuerzo, mi suegra hizo para que estuviéramos solos los tres y abordó el tema con delicadeza:

- Cecilia, me gustaría que me dijeras por qué tienes cicatrices en las muñecas. Tu tía nos contó la historia. Me gustaría escucharla de tu boca.

- ¿Por qué? Este tema me desagrada - respondí.

- Desagradables son los recuerdos que nos dejaron huellas. Ciertamente, los de tus muñecas ya no te duelen, pero en tu alma aún debe doler. Me siento angustiada. ¿Por qué?

- Hay muchas razones para ello - dije.

- Cecilia - dijo cariñosamente mi suegra -, eres buena, amable, tu tía te quiere y solo te elogia. Sin embargo, eres indiferente a tus padres, no hablas de ellos, te sientes herida con tu padre. No creo que hayas intentado suicidarse porque tu hermano falleció. ¿No quieres decírnoslo, Cecilia? Celso te quiere muchísimo y yo te quiero como si fueras mi hija.

Me quedé callada unos dos minutos, ellos esperaron en silencio.

"Tengo que resolver este problema -, pensé -. Se lo diré a Celso y terminaremos nuestra relación, lo extrañaré, pero al menos no lo engañaré más."

Comencé a hablar en voz baja con la cabeza gacha. Era la primera vez que hablaba de este triste hecho. En el fondo sentí que debía ocultar este asunto, como si de alguna manera yo tuviera la culpa. Me costó hablar porque estaba muy avergonzada. Durante la narración cambié mi voz, grité, lloré, golpeé el sofá. Celso intentó abrazarme, consolarme, lo aparté violentamente, pero acepté el brazo de mi suegra y se calmó. Cuando terminé de hablar, me sentí ligera y aliviada.

– ¡Querida! ¡Mi amor! ¡Te amo! – Declaró Celso sinceramente y emocionado.

– ¿Aun incluso después de escuchar todo esto? – Pregunté asombrada.

– Mucho más después de haber oído todo esto.

Deja que te ayude. ¡Por favor! – Pidió.

Y dejé que ambos me ayudaran. Eran espíritas y fui con ellos al Centro Espírita.

Hice un tratamiento recibiendo pases de tratamiento espiritual, asistí a conferencias, me interesé por la lectura de libros espíritas, me sentí reconfortada y comencé a comprender qué es Dios y sus leyes de amor. Mi suegra, después de dos días de mi historia, me llevó a una psicóloga amiga suya y también espírita. Hablé con ella y comencé a ir a terapia, tratamiento en sesiones en las que le contaba todo lo que sentía, lo que me molestaba. Esta profesional me hizo entender que no todos los hombres eran como mi padre, que no podía seguir teniendo miedo, que yo no tenía la culpa sino que había sido una víctima y lo más importante: que necesitaba perdonar. Me esforcé mucho en aprender a perdonar y no tener más miedos. Mi padre ya no podía hacerme daño.

Empecé a aceptar las caricias de Celso. Hicimos planes para casarnos. Lo llevé a casa de mis padres para que los conociera. Celso no tomó la mano que mi padre le tendió. Fue amable con mi madre y al despedirse les dijo mirando a mi padre:

– Sé que nadie le hace daño a Cecilia. Pero me alegra saber que estás dispuesto a cuidarla – dijo mamá sonriendo agradecida.

Solo nos casamos por lo civil en una ceremonia sencilla. Solo vinieron mi madre y mi hermano André, que se había separado de su mujer. Mi padre dio una excusa que ni siquiera recuerdo y no era cierta, abracé agradecida a tía Jandira. Nos fuimos a vivir cerca de mi suegra, tuvimos hijos, compramos terrenos, construimos nuestra casa. Y Celso sigue siendo maravilloso y nos queremos mucho.

Cecilia se secó los ojos llenos de lágrimas. Lúcia, que estaba parada y mirando a su amiga, también hizo lo mismo.

– ¡Te admiro, Cecilia!

Ella tomó sus manos y besó sus cicatrices.

Capítulo siete

El mensaje

Las dos quedaron conmovidas, pensativas y en silencio por unos instantes, hasta que Lúcia comentó:

– Cecilia, escuché tu historia en la que fuiste la víctima. Y tu padre, ¿cómo sería su narrativa?

¿Qué tendría que decir en su defensa? ¿Porque hizo eso?

– No lo sé, Lúcia – respondió Cecilia, triste –. ¿Qué hace que una persona actúe con crueldad? No sé si se arrepintió, pero al menos conmigo nunca mostró ningún remordimiento. A veces pienso: ¿mi padre está en paz? ¿Este mal no le molesta? ¿Lo volvería a hacer si retrocediera en el tiempo?

¿Tenía alguna excusa para justificarse? Éstas son preguntas sin respuesta.[9]

---

[9] Hice algunas entrevistas con personas indigentes que actuaron cruelmente y cuando estaban encerradas violaron. Y las respuestas al por qué actuaron así fueron evasivas, tales como: "tenía ganas", "era más fuerte que yo", "sentía la necesidad." Pero todos afirmaron que no sintieron remordimiento en ese momento, solo después que el dolor les hizo pensar que habían actuado mal y que habían hecho sufrir a otra persona. Y sufren mucho. Algunos de ellos denunciaron sus crímenes en un intento de defenderse, pero es muy difícil mentirse a uno mismo y a personas descarriadas que tienen una forma de saber la verdad. Otros se incriminaron aun más. También hablé con alguien que todavía no se arrepintió. Simplemente me dijo: "¡Dios es culpable! Me volvió loca, solo se complacía en violarme." El cuerpo físico está controlado por el

– ¿Será, Cecilia, que estaba obsesionado?

– Lúcia, una persona encarnada y obsesionada solo si tiene afinidad con los desencarnados. Hay muchas razones para una obsesión, la más común es por culpa, porque te sientes en deuda. Para que se produzca una obsesión es necesaria la aceptación de los obsesionados, porque todos tenemos nuestro libre albedrío, hacemos lo que queremos, estoy seguro que ningún obsesor me convertiría en un criminal. A continuación se estudian las tendencias de quien se quiere lograr. En el caso de una persona que tiene adicción a mentir, y es fácil hacerlo calumniar, etc., robar, ser cruel, hacer trampa, etc. Tanto el obsesor como el obsesionado, son culpables y las reacciones a sus actos serán acordes con la responsabilidad de cada uno. Mi padre pudo haber actuado bajo la influencia de algún espíritu malvado.

- Tienes razón, Cecilia - dijo Lúcia -. Escuchamos a quien queremos. Si hubiera atendido a Mário, habría internado a Rodrigo en un orfanato. Preferí escuchar a Carlos y no me arrepiento. ¡Hice lo correcto!

- Vuelve a coser, Lúcia - pidió Cecilia -. Aun no he terminado mi historia.

Lúcia volvió a sentarse frente a la máquina cosiendo y Cecilia continuó su relato.

- Mi suegra fue y ha sido una madre para mí y una maravillosa abuela para mis hijos. La tía Jandira también fue caritativa conmigo. Cuando enfermó, la trajimos a nuestra casa y la cuidamos. Una prima se casó y se fua a vivir a otra ciudad. La otra prima, la monja, pidió permiso a sus superiores y vino a cuidar a su tía, entonces ella volvió a su departamento. Celso y yo íbamos mucho allí, nos quedábamos, la llevamos al médico, le

---

espíritu que le transmite sus vicios y sin vicios se alimentan, luchan. Es nuestra obligación vencer cualquiera de nuestras tendencias. El que actúa con crueldad es culpable y la reacción a sus actos será dolorosa.

dimos muchos cuidados, cariño y atención. Lamentamos mucho su pérdida. Mis primas vendieron el apartamento, la monja volvió al convento. Vi poco a mi madre, ella me visitaba poco y yo a ella. Entonces mi madre se enfermó. Sentí que si estaba mal, fue al médico, quien la internó en un hospital. Mi hermano André me dijo, éramos Celso y yo para visitarla. Encontramos a mamá sola. Hablamos. Celso nos dejó en paz. Ella me estrechó la mano y dijo:

- Cecilia, creo que no fui una buena madre contigo. ¡Perdóname!

- Te perdono– respondí.

Realmente la perdoné en ese momento. Entendí el hecho que a ella le gustaba más mi hermano, pero la culpé por lo que mi padre me hizo. Al dejarme sola, fue como si ella lo hubiera permitido. Pude comprender en ese momento que ella no era culpable. Junto con mi respuesta "te perdono", dejé salir el dolor. Besé a mi madre con amor y oré:

– ¡Perdóname también!

– No tengo nada que perdonarte, si te alejaste de mí fue porque yo me alejé primero. ¿Amigas?

– ¡Más que amigas, una hija que te quiere! – Respondí con sinceridad.

Mi suegra se quedó en mi casa cuidando a los niños y yo me quedé con mi madre en el hospital. André y yo estábamos muy separados y la enfermedad de nuestra madre nos acercó, hablábamos mucho. Aunque estaba sufriendo, estaba feliz de vernos juntos. Mi hermano se había separado de su esposa, su hijo se quedó con su ex esposa. Después de tres años solo, encontró pareja, una buena persona, amable y estaba bien. Con esta chica tuvo dos hijas.

Papá pasaba las noches en el hospital y por la mañana se iba do dormir a casa y yo solo iba allí cuando sabía que ya había salido. Durante 20 días sólo nos encontramos dos veces. Mamá desencarnó. En el velorio no me acerqué a mi padre. Al verlo llorar pensé que hermoso sería si fuera diferente, realmente quería un padre al que pudiera amar.

Cuando llegamos a casa después del funeral de mi madre, nos sentamos en el sofá de la sala. La criada nos sirvió un poco de té. Mi hija me preguntó:

– Mami – dijo mi hija –. Sé que no te gusta hablar de este tema. Entiendo que tengas miedo que hagamos lo mismo que tú. Pero ya prometemos que nunca haremos eso. Los tres hablamos y concluimos que no te agrada tu padre. ¿Por qué?

No sabía qué responder. Celso lo hizo por mí:

– El padre de tu madre fue muy cruel con ella, no era un buen padre.

– ¿Te golpeó, mamá? – Preguntó mi hijo menor.

– Tu abuelo te maltrataba mucho. Todo fue perdonado, olvidado, pero entre ellos no hay amor – explicó Celso.

– ¡Nunca me gustó mi abuelo! – Dijo mi hijo.

– Hay algo en él que no me gusta. Tengo la sensación, cuando lo veo, que ya lo he visto hacer algo malo y que no pude evitar preguntar. Creo que es mejor no acercarse a él.

– ¿Te dolían sus golpes, mami? – Preguntó mi pequeña llorando.

– Sí, me dolían – respondí.

– Pero ya pasó y en nuestra casa de amor no se deben discutir asuntos desagradables – determinó Celso.

– ¡Me alegro que papá sea diferente! ¡Te amo! ¡Te amo, mami! ¡Seremos siempre buenos niños, porque ustedes lo merecen! – Exclamó mi hija.

Nos abrazamos unos a otros. Y ya no comentaron sobre este asunto.

Cuando Celso y yo nos quedamos solos después de la conversación con nuestros hijos, comentamos lo que decía mi hijo y concluimos que, sin duda, mi hijo y yo ya nos acostamos juntos. Somos muy similares. Y que, tal vez, él, en el período de la violación, se desnudó y la había visto. Intentó detenerlo y no hubo manera.

– - Cecilia - comentó Lúcia -. ¡Qué triste debe ser para una persona engañada ver sufrir a una persona que ama, ser atacada y no poder hacer nada!

- ¡De verdad, debe ser muy triste! - asintió Cecilia -. Cuántas madres descarriadas sufren al ver a sus hijos cometer actos incorrectos o ser agredidos.

- Y no pueden hacer nada porque no se interfiere con el libre albedrío. Ahora entiendo por qué somos responsables de nuestras acciones. Si tu padre tenía un obsesor, seguro que también tenía un buen espíritu cerca, pero escuchaba a quien quería.

- Nunca volví a ir a casa de mis padres – continuó Cecilia en su narrativa -. Papá vivía solo. Mi hermano y yo nos acercamos, empezamos a visitarnos y hablamos mucho por teléfono. Y por él supe de mi padre, que tuvo varias amantes y que algunos incluso vivían en su casa.

Han pasado tres años desde que mi madre desencarnó. Mi padre se jubiló y siguió trabajando hasta que enfermó de dolores musculares. Enfermo, con poco dinero, estaba solo y no podía mantenerse.

Y sucedió algo inusual. Celso es coordinador, en nuestro Centro Espírita, del trabajo de desarrollo mediúmnico. Un médium recibió un mensaje psicografiado y se lo entregó al finalizar el trabajo.

- Señor Celso, este mensaje es para usted. El espíritu que me lo dictó me pidió que se lo diera.

Celso le agradeció, pero no entendió el mensaje. Me lo trajo, lo leí y tampoco lo entendí. En él estaba escrito:

- No te omitas. Y solo ayuda si él te lo pide. Solo tenían un nombre, que para nosotros era: Oelio. Estaba escrito en letras grandes y el nombre era difícil de descifrar. Y no sabemos si en realidad era Oelio.

– No conozco a ningún Oelio – dijo Celso.

– No lo he hecho – respondí –. Puede ser que falte alguien que no conocemos.

No prestamos atención al mensaje, pero lo mantuvimos.

Días después, André me llamó y me estremecí al escucharlo:

– Cecilia, decidí traer a papá a vivir con nosotros. Ya no puede trabajar y está solo. Aquí en casa hará compañía a mis hijas, ya que mi esposa y yo trabajamos todo el día. ¡Cecilia! ¿Estás escuchando? ¿No vas a decir nada?

No pude responder. Sentí como si hubiera recibido un shock. Hice lo mejor que pude para responder:

– André, te llamo más tarde. La vecina me llama.

Colgué y me asusté. Llorando llamé a Celso y le dije. Media hora después estaba en casa, me abrazó y me consoló. Sacó el mensaje, el mensaje, del cajón y lo volvimos a leer.

– Cecilia, no es Oelio. ¡Mira cuidadosamente! Es Délia, sin el acento. Fue tu madre quien escribió esta nota dándonos el mensaje. Aunque no lo entendimos, este mensaje me causó una fuerte impresión. Al decir la oración…

Al iniciar el trabajo sentí una energía placentera y estaba seguro de que esa noche recibiría algo por escrito. Pensé que sería un mensaje referente al trabajo mediúmnico, un dicho largo y hermoso con recomendaciones e incentivos. ¡Ahora todo está claro! Tu madre dice claramente: "No te quedes callada." Definitivamente quiere que tú, o nosotros, le contemos a André lo que le pasó. Realmente, no podemos omitirlo. Tu padre había estado solo con las dos niñas durante muchas horas al día. André cree que tu padre podría cuidar de ellas y hacerles compañía. Y tu madre preocupada escribió: "¡No te lo pierdas!" Y no nos omitiremos. Llama a tu hermano, pregúntale si podemos ir allí esta noche. Le contaremos todo y él, sabiendo la verdad, decidirá qué hacer.

Llamé y André se sorprendió por nuestra visita inesperada, pero estaba feliz de recibirnos. Sus hijas, dos hermosas niñas, estaban contentas con nuestra presencia.

-¿Por qué no vinieron los primos? - Me preguntó una de mis sobrinas.

- Es porque vinimos a hablar con tu padre - respondió Celso -. Y ustedes, queridas, ¿nos darán permiso? La conversación será para adultos.

Fueron a la habitación. Celso les pidió que cerraran la puerta, encendió la televisión para que las niñas no escucharan la conversación y nos sentamos los cuatro cerca. André me preguntó preocupado:

- ¿Qué pasa, Cecilia?

- Vinimos aquí - explicó Celso - porque tenemos, o Cecilia tiene, algo muy serio que contarte. ¡Vamos, cariño, habla!

Había decidido que no iba a hablar de este tema con mi madre ni con mi hermano. No me sentía como con ganas de comentar algo que tanto deseaba olvidar. Hablé en voz baja:

– André, saliste muy joven de la casa de nuestros padres, te casaste antes de cumplir los 19 años. Poco después, nuestro hermano falleció. Mamá lo lamentó mucho, fue un período de mucho dolor. Intenté suicidarme y la tía Jandira me llevó a vivir con ella y nunca regresé a casa. Vi poco a mi madre y me acerqué a ella cuando estuvo hospitalizada.

Hice una pausa, André comentó:

– No entendí por qué intentaste suicidarte ni por qué te quedaste con tía Jandira. Me explicaron que estabas deprimida y querías morir por la falta de nuestro hermano. Pero definitivamente hay algo más, ¿no? ¿Por eso estás aquí? No puedo entender por qué tú, siendo tan buena, te alejaste de nuestros padres, especialmente de papá.

– Tu conclusión es correcta. En realidad, hay más detalles que le ocultamos. André, no me resulta agradable recordar lo que pasó después de la muerte de nuestro hermano. Mamá no me mostraba ningún cariño, no quería reaccionar e iba mucho al cementerio dejándome sola. Y bueno… – Miré a Celso quien sostenía mi mano -, iba a responder, pero Celso me animó: ¡nuestro padre me violó!

Hablando rápidamente para tener valor, les conté todo. André me abrazó.

- ¡Dios mío! - Exclamó mi cuñada.

- No vendría aquí a contarte esto si no me hubieras dicho que querías traer a papá a vivir contigo y hacerles compañía a las niñas – le expliqué.

-¡Ahora lo entiendo todo! - Dijo André.

- No me gusta mucho mi suegro - dijo mi cuñada -. Lo he visto mirando raro a mis hijas. Pensé que era mi cisma. Ahora entiendo un comentario de mi hija menor. Me dijo que su abuelo le puso las manos en los brazos.

- Ahora que lo sabes – dijo Celso –, nos sentimos más tranquilos. Y debes decidir si lo quieres aquí o no. Tus hijas son inteligentes, no se quedarían calladas como lo hizo Cecilia. Pero es mejor prevenirlo. Después del evento, puede haber un castigo, pero no se puede deshacer.

- Gracias, hermana mía - dijo André -. No pudo haber sido fácil hablar de todo esto sólo para advertirnos. Papá no vendrá a vivir con nosotros. Debes quedarse allí solo. Pero le falta lo básico. No hay dinero para medicinas. Le ayudaré dándole dinero. Tú, Cecilia, ¿no quieres ayudarlo?

Iba a responder, pero Celso lo hizo por mí.

-Todos estos años Cecilia ha estado esperando su petición de perdón, aunque ya lo perdonó. Sin embargo, nos gustaría saber que se arrepintió, reconoció que se equivocó y humildemente quiere reconciliarse. No, André, no lo ayudaremos a menos que él nos lo pida.

Recordé la segunda frase del mensaje: "Y solo ayuda si él te lo pide."

A mi padre no le gustó la decisión de André, que no quería que viviera con ellos y sabiendo que había hablado conmigo.

He estado pensando mucho en esto y creo que después que mamá desencarnó debió saberlo todo. También visitó a mi padre y debió haber leído sus pensamientos. Preocupada, quería que André lo supiera. Decidimos hacer lo que mamá nos pidió y no ayudarlo hasta que él nos lo pidiera. Pero estoy confundida.

Cecilia hizo una breve pausa, suspiró y continuó hablando:

– Lúcia, siempre pensé que hacer el bien a quien nos hacía daño, como recomendaba Jesús, era la mayor caridad, porque es difícil. Al hacerle el bien a alguien a quien no le agradamos, podemos anular ese sentimiento negativo y eso es genial para ambos. Por eso quiero ayudarlo, pero Celso quiere cumplir con el pedido de mamá. ¿Qué opinas amiga?

– ¡¿Yo?! – Preguntó Lúcia.

– Sí, tú. Ya has oído toda la historia y quiero tu opinión.

– Creo que deberías seguir la recomendación del espíritu de tu madre. Ella debe estar feliz de haber encontrado a tu hermano quien se extravió y sabiendo que André está bien y tú también. Pero, claro, está preocupada por tu padre, el marido con el que vivió durante tantos años. Muchas veces hay que sufrir para aprender. ¿Quizás tu padre, al estar solo, no aprende a valorar el cariño? Necesitado, sufriendo, comprendió el daño que te había hecho. Si esto sucede, es posible que quiera perdonarte y acudir a ti para pedírtelo. Y eso será muy bueno para él, para su espíritu.

– Celso piensa como tú. ¿Y qué voy a hacer? Yo ya lo perdoné. Me tomó un tiempo perdonar. Pero cuando lo hice, me sentí muy bien. Fue como si algo malo que estaba atrapado dentro de mí se fuera, dejando espacio para la tranquilidad. ¡Cuán bueno es para nosotros perdonar!

– Cecilia – dijo Lúcia –. Estoy impresionada por el mensaje de tu madre. ¿Pueden los espíritus darnos orientación? ¿Se preocupan por nosotros?

– Los sentimientos no se modifican cambiando de planos. Los desencarnados continúan amando y preocupándose por aquellos a quienes aman y permanecen encarnados.

– Me parece extraña la posibilidad que un espíritu esté cerca de nosotros - comentó Lúcia –. ¿Puede ser real este hecho? ¿Es verdad?

– Lúcia, ¿qué es real? Destaca lo que queda, lo que no termina. El cuerpo físico se transforma, cambia, su función termina para nosotros. El espíritu sobrevive. Por tanto, el espíritu es la más real de las presencias, incluso sin tener cuerpo físico. Una persona desencarnada puede permanecer cerca de nosotros y hay muchas razones para ello.

– Cecilia – dijo Lúcia –, ahora estoy recordando un sueño que tuvo Mário y que le causó una gran impresión. Soñó con una mujer que le decía que era nuestra madre y que le recordaba que había dado a luz a su padre como a su hijo. Mário entonces vio a un hombre que parecía atormentado, con una expresión extraña. Ahora que entiendo la reencarnación, este sueño tiene sentido para mí. Este espíritu que vio en el sueño podría haber sido el de Rodrigo, quien nació con discapacidad.

– Sí, podría ser – dijo Cecilia –. Esta mujer pudo haber venido a recordarle a Mário algo que había prometido hacer antes de regresar.

– Cecilia, a veces siento la presencia de un ser querido que me ama y trata de fortalecerme. Parece ser la presencia real de un espíritu. ¿Será esta mujer con la que soñó Mário y que le dijo que era nuestra madre? Ella también le dijo que sería nuestra hija. Con la separación ella debió permanecer en la espiritualidad.

– Por supuesto, Lúcia, Dios no separa a los que se aman. El amor siempre se fortalece. Los afectos desencarnados no pueden hacer lo que nos corresponde, pero siempre están animándonos a caminar y hacer el bien.

– Hoy, voy a decir una oración de agradecimiento a este espíritu – dijo Lúcia.

– Siempre debemos estar agradecidos – asintió Cecilia.

– Cecilia, no quiero ser indiscreta, pero quiero preguntarte algo para que puedas entender mejor, aprender. Cuando fuiste violada, ¿sufriste una reacción a algún error del pasado? Es difícil creer que tú, incluso en otras existencias, has hecho algo muy malo que resultó en este sufrimiento.

- Lúcia, no debemos preocuparnos por el pasado, ya está escrito y no cambiará. Debemos pensar en el presente, en lo que hacemos ahora y en lo que podemos cambiar para mejorarnos.

Todo lo que sucede tiene un motivo y, muchas veces, las cosas suceden por varios motivos.

Cecilia hizo una pausa y pareció pensativa. Decidió explicarle a su amiga que era espírita, pero principiante, lo cual ya entendía. Aclaró:

- Las dificultades, el sufrimiento son enseñanzas preciosas y, entendiendo este hecho, progresamos espiritualmente. He pensado mucho en lo que me pasó. Definitivamente hay razones. ¿Por qué no le agrado a mamá? Siempre me gustó mucho, incluso la entendí por querer más a mi hermano. Es bueno que cuando desencarnó, ya había aprendido a amarme. Cambió el disgusto por el afecto. ¡Fue increíble! Y si recibía una reacción violenta por un acto incorrecto que cometí, ¡aprendí! Ahora no soy capaz de hacerle daño a nadie. Recibí una gran lección y la asimilé. No deberíamos ver las reacciones de dolor como un castigo, sino como una lección de equilibrio. Nos sentimos bien cuando nos equilibramos. Si no estamos en armonía con las leyes divinas, nos volvemos insatisfechos e infelices. La armonía nos tranquiliza y, en consecuencia, nos hace felices.

Cecilia se quedó en silencio por un momento. Lúcia esperó atenta y con mucho interés a que continuara la explicación. La amiga continuó explicando:

- Sentí en el fondo que alguna vez fui rencorosa y que había dicho mucho: "¡No perdono! ¡Te guardo rencor!" etc. Sentí que necesitaba aprender a perdonar. Nuestro planeta, la Tierra, atraviesa un período de expiación y de pruebas. Fíjate, Lúcia, qué pruebas son las primeras. Cuando tenemos tendencia a una adicción, tenemos que hacer un esfuerzo para erradicarla y solo podemos decir que realmente nos hemos deshecho de ella, si nos demostramos a nosotros mismos que fuimos capaces de superarla. Si quisiera demostrarme a mí mismo que había aprendido la lección del perdón, tendría que sufrir alguna ofensa. Y no debería ser por algo trivial, sino por algo que me causa sufrimiento. Te dije amiga mía que tuve que hacer un esfuerzo para perdonar a mi padre y que cuando lo hice me sentí tranquila, la lección estaba aprendida, pasé la prueba. Cualquiera sea la razón, fue una lección preciosa. Me he preguntado: si esto no hubiera sucedido, ¿sería quien soy hoy? Soy una persona agradecida y trato de ayudar a los demás. La lección fue dolorosa, pero muy importante para mí, me impulsó a progresar.

Cecilia terminó el relato y se sintió aliviada de haber hablado de lo que le pasó y que todavía la angustiaba de alguna manera. Y Lúcia, que ya la quería, la admiraba aun más. Se despidieron abrazándose afectuosamente.

Capítulo ocho

El pasado

Al quedarse sola, Lúcia oró y agradeció al espíritu que la animó dándole valor. Luego volvió a trabajar. Y ese espíritu estaba ahí. Era Dorotea.

De hecho, ella era la madre de Lúcia y la madre adoptiva de Mário. Tenía su trabajo en el plano espiritual, era activa en su tarea de ayudar a los demás. Acudía siempre que era posible para visitar sus afectos. Estuvo en casa de Lúcia y escuchó la historia de Cecilia y quedó conmovida por la oración de agradecimiento de quien en la encarnación anterior había sido su hija. Y ella pensó, conmovida:

"Cecilia, por su experiencia, sabe mucho así como ayudar a personas que estén pasando por problemas graves y quieran ponerles fin.

Si la gente entendiera que todo pasa, nadie se suicidaría. La muerte del cuerpo físico no es una solución a nuestros problemas, porque la vida continúa. Cecilia logró solucionar sus problemas y Rodrigo lamentablemente falleció. Al suicidarse, agravó su sufrimiento, hasta el punto que en esta encarnación reequilibra el enorme desequilibrio que se había causado a sí mismo."

Dorotea miró a Lúcia, que seguía cosiendo, y recordó el pasado en el que los cuatro Mário, Lúcia, Rodrigo y ella vivieron durante un tiempo juntos.

Recuerdos le vinieron a la mente historias apasionantes que me contó:

"Me casé muy joven con Rodrigo, quien tenía una empresa exportadora, comercializaba varios productos, pero el principal era el café. Ágil, inteligente y trabajador, prosperó mucho. Vivíamos en una gran ciudad, pero teníamos una finca, con cría de caballos. Era un lugar muy bonito y pasábamos allí muchos fines de semana y vacaciones escolares con nuestros hijos. Teníamos cinco hijos, cuatro niños y una niña, Lúcia, era la menor. Estábamos en la finca, Lúcia tenía dos años y tenía un mes y medio, era una bebé hermosa, cuando Rodrigo llegó a casa con un niño de dos años y ocho meses, sucio y con ropa gastada.

– Dorotea – explicó –. Encontré a este niño en el camino estaba llorando y tenía hambre.

Lo alimenté y traté de averiguar dónde vivía. Sentí mucha pena por él. Lo llevé a la casa donde me dijeron que vivía. Allí encontré a una señora, su abuela, que ni siquiera se había dado cuenta que él no estaba en casa. Esta señora me dijo que su padre había muerto y que la madre se fue con un hombre y dejó a los cuatro niños con ella. Se quejó que su marido y ella eran mayores y tenían dificultades para mantener a esos niños. Y ya habían donado una niña. Miré a este chico y me conmoví. Nuestros hijos lo tienen todo, te tienen a ti que eres una madre ejemplar y yo trabajo, y los apoyo. Este pequeño está privado de todo, no tiene nadie que lo quiera. Por impulso le pedí a la señora que nos diera al niño. Ella respondió que podría llevarlo solo que nos pidió dinero. ¡Dorotea, compré al niño! Cuidaremos de él, ¿vale?

- Vamos – respondí.

Rodrigo hacía lo que quería, nunca me consultó, era autoritario, pero se preocupaba por nosotros, su familia siempre fue primero. Siempre me engañó, pero las demás eran amantes y él no tuvo ninguna durante mucho tiempo. Intenté encontrar algún parecido entre el niño y Rodrigo, pero no noté nada. Pensé que ese niño era su hijo con una de sus amantes. Pero si así fuera, ese niño no tenía la culpa, estaba asustado, con miedo y maltratado. Yo lo cuidaba, se llamaba Mário. No lo adoptamos oficialmente, Rodrigo trajo su partida de nacimiento y continuó con su nombre.

Era una fiesta para mis hijos, un niño más en nuestra casa. Meses después, Mário estaba sano, inteligente, se acostumbró mucho a nosotros y nos llamó padre y madre. Todos nuestros hijos estudiaron, tenían todo lo que les podíamos dar. Se llevaban bien y rara vez discutían.

Mário siempre fue muy paciente con Lúcia, hacía todo lo que ella quería. Cuando éramos adolescentes, nos preocupaba este enfoque. Mi hijo mayor se había casado, vivía en otra ciudad y trabajaba en una sucursal de nuestra firma. Rodrigo decidió enviar a Mário allí.

– ¡Ve, hijo, y ayuda a tu hermano! – Ordenó.

Tres de nuestros hijos trabajaron con su padre. Solo el segundo continuó sus estudios y se graduó como médico. Ejerció su profesión con éxito.

Rodrigo y yo pensamos que al sacar a Mário de casa lo separaríamos de Lúcia. Estuvo dos años en casa de su hermano y cuando regresaba enviamos a nuestra hija a un colegio privado para que completara sus estudios.

Dos años después volvió, tenía 17 años, muy guapa y educada. Rodrigo pensó que Lúcia ya estaba lista para casarse. Se la había prometido al hijo de uno de los amigos de mi marido.

Sin embargo, bastó que Mário y Lúcia se volvieran a ver para enamorarse. Querían permanecer juntos, casarse. Rodrigo no lo dejó.

– ¡Fueron criados como hermanos! ¡No! Entonces le di mi palabra a mi amigo que Lúcia y su hijo se casarían.

Siempre pensé que Mário era hijo de Rodrigo y que los dos, al ser hermanos, realmente deberían separarse. Lúcia lloró, suplicó, Mário le pidió, pero Rodrigo no los escuchó, no permitió que nadie desafiara sus órdenes. Fijó la fecha de la boda de Lúcia y llevó a Mário a otra ciudad. Ambos sufrieron mucho.

Lúcia se casó, hicimos una gran fiesta. Estaba triste y molesta. El novio era un joven sencillo, un granjero que parecía ajeno, se casó como si fuera algo que tenía que hacer, un trabajo. Me preocupé y me sentí triste porque mi hija estaba sufriendo.

Mário también se casó. Eligió a una chica que ya había pasado la edad para casarse, no era bonita y todavía era aburrida, pero muy rica. Después del matrimonio, se fue a vivir a casa de sus suegros y a trabajar con su padre. Mário era trabajador, inteligente y le iba bien. Al cabo de unos años, su suegro le confió toda su fortuna y él no lo defraudó. Se alejó de nosotros. Le guardaba rencor porque Rodrigo no le había permitido casarse con Lúcia. Ambos tuvieron hijos. Mi hija siempre se quejaba de su marido, que era maleducado, malcriado, tenía amantes y era muy tacaño. De hecho yo era quien le regalaba la ropa y ella siempre me pedía algo que quería. Rodrigo comprendió que no había elegido un buen marido para ella.

En una época difícil de recesión, Rodrigo perdió mucho dinero y quedó arruinado. Orgulloso, se sentía muy avergonzado por haber perdido todo lo que había acumulado durante tantos años.

– Dorotea – me explicó –, para pagar lo que debemos tendré que vender nuestra casa y la finca. Nos vamos a perder lo básico. ¡Esto es muy vergonzoso! Nuestros tres hijos que trabajan conmigo también se quedarán sin nada. Preferiría morir antes que quedarme sin nuestros bienes y ver a nuestros hijos pidiendo trabajo.

Rodrigo intentó obtener préstamos, pero no pudo. Apeló a su yerno, quien le dijo que no tenía nada. Lúcia habló con nosotros.

– No sé, papá, si mi marido tiene dinero o no. Es tacaño. No experimento privaciones porque mi madre siempre me ayudó. Ahora definitivamente pasaré. Incluso si tuviera dinero, no se lo prestaría. ¡Soy infeliz! Y el culpable es el hombre que me obligó a casarme con él. Nunca lo amé ni fui amada.

Cuando ella se fue, Rodrigo lloró y yo lo consolé, le aseguré que estaría a su lado. Él, por primera vez, me escuchó y luego dijo:

– ¡Dorotea, te amo! ¡Siempre has sido una esposa perfecta!

Nuestro hijo, el médico, nos ofreció lo que tenía en efectivo. Rodrigo se negó, no era suficiente y no ayudaría, pero le pidió que me cuidara. Él lo prometió.

Rodrigo, después de agotar todas las formas para saldar sus deudas, se dirigió a casa de Mário, que vivía en otra ciudad.

Mário le dijo que él también había perdido mucho dinero y que no tenía nada que prestarle.

Pasamos unos meses muy difíciles, quería ayudar, pero no sabía cómo. Rodrigo nunca me hablaba de negocios y yo no sabía hacer nada más que cuidar la casa.

Lúcia siempre nos visitaba, pero dejó claro que solo venía a verme. Y en una de estas visitas, cuando estábamos solos, le pregunté:

– ¿Tú, hija mía, todavía sientes rencor hacia tu padre?

- ¡Mamá, papá tiene la culpa de que yo sea infeliz! Me separó de Mário, a quien todavía amo. Creo que es amable por tratar bien a papá. Sabes que él siempre te engañó. No deberías preocuparte tanto por él. Quizás al volverse pobre, papá se volverá más humano. ¡Creo que todavía siento resentimiento! Mário y yo nos amamos desde que éramos niños. Cuando se fue a vivir con nuestro hermano, mantuvimos correspondencia y nos encontrábamos a escondidas. Lo mismo pasó cuando fui al internado. Cuando decidimos admitir nuestro amor, papá se opuso. Ciertamente, no habría podido separarnos si no nos hubiera confesado que Mário era su hijo, fruto de sus encuentros románticos con una de sus amantes. Sufrimos mucho. Mário, en ese momento, le preguntó:

- ¿Por qué entonces ocultaste este hecho? ¿Por qué no me registraste como tu hijo?

-¡Ahora, siéntete satisfecho! Tú, un bastardo, criado en mi casa entre los legítimos - respondió papá.

- ¡Estamos muy enojados con papá! - Continuó diciéndome Lúcia -. Podría haber evitado que nos enamoráramos, que sufriéramos.

- Siempre sospeché que Mário era su hijo - confesó -. No me sorprendería saber que tiene más hijos.

- Mário y yo no lo perdonamos. Fue cruel con nosotros. ¡Soy infeliz!

- Hija mía, no solo veo en Rodrigo sus defectos, él tiene muchas cualidades también. Siempre fue un gran trabajador, nos dio a ti y a mí todo lo que queríamos.

Él nunca me maltrató, y si tuvo amantes, siempre ocultó estas traiciones para no lastimarme. No es prudente que veamos los defectos de los demás y no veamos los nuestros. En estos años de matrimonio he intentado ver mis defectos. Me he esforzado mucho por cambiar para mejor, porque solo soy responsable de mis acciones. Fui buena esposa, madre y aunque sospechaba que Mário era fruto de la traición de mi marido, lo amaba como a un hijo. Tú, querida, te quejas mucho de tu marido. Pero ¿qué eres tú para él? Nunca lo amaste y siempre traste de mostrarle tu desafecto. ¡No intentes ser amable! ¡Sé una buena persona! Tienen tres hijos que merecen tener un hogar en armonía. La vida ya te separó de Mário, no guardes más rencor, este sentimiento solo molesta a quien lo siente. Intenta ser mejor para tu marido, trátalo bien. Te quejas de él y él, ¿qué tendrá que decir de ti?

Lúcia se quedó pensativa y luego respondió:

– ¡Tienes razón! Nunca he sido cariñosa con mi marido, lo trato con rudeza como si su presencia me molestara. Él no tiene la culpa. Se casó conmigo a petición de su padre, pero llegó a amarme. Siempre discutimos y lo ofendo mucho. Lo trataré mejor, nuestros hijos merecen tener un hogar sin peleas. Quiere pasar los meses de vacaciones de sus hijos en una propiedad suya en el sur del país. Iré con él.

Lúcia, esa misma tarde, habló con su marido, decidieron dejar de discutir y tratar de vivir en paz. Se fue de viaje con él. Este enfoque tuvo éxito, él se hizo más atento. Aunque era muy frugal, empezó a darle dinero para que pudiera comprar lo que quisiera.

Nuestra hija estaba de viaje y nuestra situación económica se complicó aún más. Rodrigo estaba desesperado. De repente se calmó y me dijo:

- Dorotea, creo que encontré una solución. Quiero que me perdones y no le digas a nadie, ni ahora ni después, lo que te digo.

- ¿Qué quieres decir? - Pregunté sin entender.

- ¡Encontré la solución! Y si en el futuro necesitas ayuda, busca a nuestro hijo médico y quédate con él.

Me sorprendí, pero no pregunté nada más. Dos días después fuimos a la finca y, en la tarde del día siguiente, Rodrigo tuvo un accidente y falleció.

Había salido solo por la finca con su caballo favorito, que era bravo; como tardaba en regresar, un empleado lo siguió. Los encontró tirados, con heridas en todo el cuerpo, muertos. No pudimos entender cómo cayeron. En la propiedad había un acantilado, un barranco de unos 20 metros de altura. Allí abajo había muchas rocas y corría un río de agua clara, no muy profunda. El lugar era muy hermoso.

Estaba desorientada y muy triste. Mucha gente acudió al velorio y al funeral. Mário vino con su familia, no lloró, me abrazó fuerte y me habló con cariño:

- ¡Mamá, yo te cuidaré!

Lúcia no pudo venir, estaba muy lejos.

Días después, mi hijo mayor nos reunió y aclaró:

– Papá había contratado un seguro hace muchos años. Y tú, mamá, te beneficiarías. Papá ya había vendido esta casa y la finca, y había pagado parte de la deuda y con el dinero que recibirás del seguro podrías pagar el resto. No necesitaremos vender las casas en las que vivimos. Será difícil empezar de nuevo, pero lo intentaremos.

Tomé la póliza de seguro y la leí. Me detuve en la cláusula que decía que no me pagarían por morir por suicidio. Leí el párrafo en voz alta. Permanecimos en silencio unos segundos. Mi hijo mayor dijo:

– ¡Papá se sacrificó por nosotros!

Entendimos que Rodrigo se suicidó y lo hizo parecer un accidente. Mário bajó la cabeza, no comentó nada. Al salir me dijo:

– ¡Mamá, quiero que vengas a vivir conmigo!

Pero mi hijo médico determinó:

– ¡No, Mário, mamá se quedará conmigo!

Le agradecí a Mário, pero iba a hacer lo que Rodrigo me pidió y mudarme con mi hijo médico. Me enfermé y tres años después desencarné. Me ayudaron y disfruté mucho de la espiritualidad, donde rápidamente me adapté y agradecí la ayuda recibida.

Entonces quise saber sobre mi marido. Rodrigo todavía estaba en uno de los tantos Valles de los Suicidas y sufría mucho. Su suicidio fue planeado, organizó todo al detalle. Se acercó al punto más alto del acantilado, se cortó la vena de su cuello y colocó un pañuelo en la cabeza del caballo; le dio la vuelta, gritó, asustándolo y haciéndolo salir corriendo. Lo hizo porque el animal conocía el lugar y se detendría, no saltaría, si lo viera. Se cortó la vena del cuello, temiendo que la caída no lo matara. Como su cuerpo estaba gravemente herido, este detalle no se notó y el pañuelo que impedía ver al caballo quedó en las rocas.

No pude verlo, porque en los Valles de los Suicidas solo van rescatistas experimentados y, para visitarlos, es necesario que el desencarnado esté bien adaptado a la espiritualidad y ya sepa controlar sus emociones y recientemente desencarnado no tenía esta preparación. Solo lo visité cuando llevaba cinco años en el plano espiritual. Rodrigo estaba inquieto, sufrió mucho, la escena de la caída se reproducía en su mente como una película que se repetía una y otra vez. Lo abracé y él ni siquiera se dio cuenta.

Lúcia y Mário no llegaron a viejos, los dos todavía eran jóvenes cuando desencarnaron. Lúcia estuvo enferma durante meses, enfermó y permaneció perturbada durante muchos meses, no quería dejar su hogar terrenal, pero acabó entendiendo su condición y vino a quedarse conmigo. La cuidé con mimo.

Mário sufrió un infarto; engañado, pensó que todavía estaba encarnado. Desde que se casó se dedicó a tener bienes materiales. No pensó que algún día tendría que dejarlo todo atrás. Desafortunadamente, estaba completamente dominado por el deseo de posesión. Pero nadie es dueño de nada. Somos administradores y debemos ser fieles custodios. Debemos cuidar nuestras posesiones con mimo y de la mejor manera posible, cualesquiera que sean, sin olvidar que los bienes materiales deben utilizarse para el bien común. Usar sin abusar es una advertencia muy valiosa, así como amar sin apegarnos, para que cuando llegue el momento de abandonarlo todo, podamos hacerlo con tranquilidad. Incluso el cuerpo físico nos lo han prestado. Y, con los objetos prestados, mucho cuidado. También podemos quedar atrapados en lo que deseamos, poseídos por el deseo.

Mário se olvidó de la parte espiritual y sufrió mucho por ello. Y se quedó atrapado con estos bienes materiales. Vio a sus hijos pelearse por la fortuna que había acumulado. Lúcia y yo fuimos a visitarlo muchas veces y en una de esas visitas ella habló con él. Aclaró que no eran hermanos, que su padre mintió para separarlos. Rodrigo encontró a Mário en el camino y lo compró de su abuela, según dijo. Lúcia y Mário lloraron mucho al saber que su padre les había mentido.

– ¡Si me hubiera casado contigo, todo habría sido diferente!

- ¡Tu padre tuvo la culpa!– se lamentó.

– ¡Siempre es más fácil culpar a otras personas para liberarnos de los errores! Mário, ¡nosotros también cometimos errores! ¡Vamos a arreglarlo! – Suplicó Lúcia.

Luchó, pidió ayuda y vino a vivir con nosotros. En ese momento, los rescatistas y yo logramos llevar a Rodrigo a una de las Colonias donde se albergan a víctimas de suicidio y comencé a trabajar allí, cuidándolo a él y a tantas otras personas albergadas.

Siempre nos encontrábamos, Mário, Lúcia y yo y hablábamos. Mi hijo adoptivo concluyó:

- Sigo trabajando en el hospital de una Colonia que alberga a suicidas, amo mi trabajo y, en mis días libres, vengo a visitar a las personas que amo y que aun están encarnadas.

Dorotea suspiró, recordar todo le hizo entender que somos lo que hicimos, reflejo de nuestras acciones. ¡Y bendita sea esta oportunidad!

Un ruido llamó su atención, era Rodrigo regresando de la Colonia. Lo trajo una de las hijas de Cecilia. Llegó y le dio un abrazo a su madre.

- ¡Bendita sea la reencarnación! - Exclamó Dorotea emocionada al verlos -. Incluso con un cuerpo discapacitado físicamente, está bien. El regreso a la carne lo hizo olvidar. Bendito olvido. Él ya no siente el dolor del remordimiento y se reequilibra. Y el amor, especialmente de Lúcia, ahora su madre, lo fortalece.

Dorotea los miró con cariño y volvió a sus deberes, en la Colonia donde trabajaba.

Capítulo nueve

En el hospital

Rodrigo enfermó y vomitó varias veces durante la noche. Por la mañana, Lúcia llamó a su hermano, quien concertó una cita y los llevó al médico. Lúcia se sintió avergonzada por depender de su hermano y sus hermanas para que la ayudaran económicamente. Aunque trabajó duro, en esos cinco años todavía no podía parar ni un día, cosía de domingo a domingo. Ganaba poco, los gastos eran muchos y su salario no alcanzaba ni para cubrir los gastos básicos y, cuando necesitaba algo extra, eran ellos quienes la ayudaban. Carlos pagó la consulta.

El pediatra explicó que Rodrigo tenía un virus y que lo iba a internar para recibir suero intravenoso. Lúcia lloró.

- No se preocupe señora Lúcia, no es nada grave. Rodrigo es un niño físicamente fuerte, pero está deshidratado y, como no le gustan las medicinas, lo mejor es hospitalizarlo - determinó el médico.

- No tengo condiciones económicas ni seguro médico. ¿Cómo admitirlo? - Preguntó Lúcia angustiada.

- Lo ingresas en la sala de pediatría del hospital público donde trabajo y tú, como madre, puedes quedarte. Rodrigo tiene cinco años y necesita atención especial. Le entregarás la guía de admisión. Ve a casa, consigue algo de ropa y date prisa. En dos horas estaré en el hospital y quiero verlo ya ingresado.

Carlos acompañó a Lúcia a su casa, recogió algo de ropa y se dirigió al hospital. La enfermera pensó que Carlos era el padre y lo dejó entrar a la sala. Fue difícil aplicar el suero. El tío y la madre agradaron a Rodrigo, intentaron tranquilizarlo, pero él seguía llorando y gritando. Llegó el médico y habló con él, calmándolo. Lúcia lloró mucho, hubiera preferido mil veces que fuera ella la que estuviera con su amado. Rodrigo durmió. Carlos todavía estaba a su lado.

- Ahora puedes irte, Carlos – dijo Lúcia -. Tienes mucho que hacer. No sé cómo agradecerte. Me da vergüenza necesitarte tanto.

- De nada, hermana mía. ¿Te diste cuenta? La enfermera cree que soy el padre de Rodrigo - comentó Carlos, intentando animar a su hermana.

- Eres incluso más que tío de Rodrigo. Eres padre de malcriarlo. ¡Y qué padre tan maravilloso has sido!

– Me alegra escucharlo. Le prometí a mamá que cuidaría de ti. Por supuesto, nuestra madre sabe que cumplo exactamente lo que prometí. Pero no lo hago porque lo prometí. Los amo a ambos como amo a mis hijos.

– Rodrigo tiene padre y es como si no lo tuviera. Me dejó sola para cuidarlo.

– Lúcia, fui tras Mário sin que tú lo supieras. El año pasado fui a la dirección que teníamos, a la que ibas con Marcelo, allí pregunté mucho por él y me dijeron que tal vez se había ido a otro barrio. Fui al barrio indicado y lo busqué en varios talleres mecánicos y supe que él había estado allí y que ya se había ido. Pero me enteré que Mário vivió dos años con una mujer, luego se separaron y él desapareció y nadie me pudo decir su paradero. Pensé en contratar a un detective para localizarlo y obligarlo a pagar una pensión a tu hijo, pero me di por vencido. Si quieres, lo haré. Podemos intentar encontrarlo.

Lúcia, al escuchar a su hermano, sintió una opresión en el pecho y respondió:

– Él no nos quiere, nunca nos quiso. ¡Incluso hubo otra!

– Creo, Lúcia, que necesitas pensar más en ti misma, empezar de nuevo tu vida. Sabes que hay una persona que realmente te quiere. ¡Él me gusta! No esperes más, hermanita, por alguien que te ignora. Me voy, debo volver al trabajo. Durante el horario de visita, Isabel vendrá y te traerá comida. Adiós.

"No debería habernos abandonado – pensó -. No importa lo duro que trabaje, para sobrevivir necesito favores. Aunque mis hermanos me ayudan sin avergonzarme, no debe ser fácil para ellos tener el dinero para ayudarme. Mário debería estar aquí conmigo y ayudarme con los gastos. Carlos tiene razón, lo esperé demasiado, no me he prestado atención ni he permitido que nadie más lo haga. Mário ya tuvo otra, quizás muchas más e incluso otros hijos."

No quería sentirse enojada, pero en ese momento no pudo superar el sentimiento de dolor. También estaba angustiada y preocupada por Rodrigo.

Por la mañana el enfermito despertó mejor, pero aun así evacuó mucho y siguió tomando suero. El pediatra quería que permaneciera hospitalizado. Lúcia permaneció al lado de su pequeño hijo, él la quería cerca de él. Durante las horas de visita, Marcia y Luiza, sus hermanas, venían a verlos. Entonces pudo alimentarse.

Como su hijo estaba mejor, prestó atención a los demás niños enfermos. En una cama estaba un niño de cuatro años con el mismo virus que había afectado a Rodrigo. La enfermera le informó a Lúcia:

– Este pequeño vive en un orfanato, podría salir ya del hospital. Pero el pediatra decidió dejarlo aquí unos días más porque podría transmitir el virus a los demás niños del orfanato. ¡Está tan necesitado! ¡Cómo se extraña a una madre! Las enfermeras le hemos prestado mucha atención, pero no es lo mismo. Nadie reemplaza a la madre.

– ¿Podría ser huérfano? – Preguntó Lúcia.

– No sé qué responderte – dijo la enfermera –. Si es huérfano, por lindo e inteligente que sea, seguramente será adoptado pronto. Si tienes padres, puede ser adoptado con su permiso. Aunque la preferencia en adopción es por los recién nacidos, con los niños mayores son los sanos los que tienen preferencia.

La enfermera fue a ver a un niño que la llamaba y Lúcia pensaba:

"Los niños sanos tienen más posibilidades de ser adoptados. Si Rodrigo se hubiera quedado en un orfanato, seguramente se habría quedado allí, tal vez hasta ser adulto o hasta fallecer. Me alegro de no haberlo dejado en el orfanato."

Se pasó la mano por la cara.

– ¡Te amo, hijito! – Expresó conmovedoramente.

– ¡Te amo! – Exclamó Rodrigo sonriendo.

Cuando Rodrigo se durmió, Lúcia se acercó al pequeño del orfanato y empezó a hablar con él. El niño hablaba correctamente y era muy inteligente.

– ¿Eres la madre de ese niño? – Preguntó.

– Sí, lo estoy, está enfermo como tú.

– Es bueno tener una madre que nos cuide.

– Sí – respondió Lúcia sin saber qué decir.

– ¿No quieres ser mi madre? Mi verdadera madre desapareció. El juez firmó un papel para que el director del orfanato pueda hacer mi ingreso. ¡Quiero otra mamá!

– No puedo, querido, no puedo permitírmelo. Mi pequeño hijo es excepcional, no tengo marido y tengo que trabajar mucho para mantenernos.

– Es una pena que no puedas. Yo podría ayudarte – dijo muy triste.

Pero pronto sonrió y le mostró un pequeño juego que había ganado.

Rodrigo despertó, ella se acercó a él tratando de no llorar. Tenía muchas ganas de llevarse a ese niño a su casa. Pero, seguro, el juez no la aceptaría como madre adoptiva. Ella estaba separada y no tenía forma de mantenerlo. Una vez más se sintió herida hacia Mário. Si Rodrigo fuera a un orfanato, enfermo, sería como ese niño que no recibía visitas y no tenía el cariño de su madre.

– Mário era un irresponsable, cruel y lo sigue siendo, ni siquiera vino a vernos para ver cómo estábamos – murmuró, en voz baja.

Pasó la noche sentada nuevamente. Mientras Rodrigo dormía, ella hacía compañía a los demás enfermos. Temprano en la mañana, llamaron a un niño y su madre se quedó con él. Con la medicación, el pequeño durmió. Lúcia, al ver que su madre estaba angustiada, fue a consolarla y conversaron en voz baja. Después que Lúcia contó lo que tenía su hijo, la otra, Rosa, dijo:

– Mi hijito tiene dos años y ocho meses, tiene cáncer. Lo vamos a llevar a un hospital especializado, su ingreso está previsto para la próxima semana. No está bien; parecía sentir dolor, lloraba mucho, así que decidimos traerlo aquí. Lo trajo el médico de turno, con la medicación se calmó y ya está durmiendo. Estoy desesperada. Estamos todos angustiados, mi esposo, yo, abuelos y tíos. No sabemos qué hacer. Somos pobres y el tratamiento es caro, entonces lo vamos a llevar a este hospital, pero estamos esperando un lugar. Es bueno que en este hospital permitan que la madre se quede con él en algunos casos.

Rosa hizo una pausa y luego miró a Lúcia y dijo indignada:

– ¡Estoy enojada! ¿Crees que es justo que un niño de dos años tenga cáncer? ¿Qué tu pequeño tenga una discapacidad mental?

¿Qué Dios verdugo es este? ¿Por qué no tengo yo esta enfermedad en lugar de él? Quiero gritarle a Dios. ¡Quién sabe, él no me escucha! ¿No estás enojada?

- No – respondió Lúcia, tranquilamente.

Las dos permanecieron en silencio y absortas en sus pensamientos por un momento. Lúcia pensó que su madre sufría mucho más que ella y se enojó. Y que en ese momento pudo poner en práctica lo que ya había aprendido de la Doctrina Espírita. Habló con calma, tratando de consolarla:

- Rosa, Dios es justo y bueno, y para entender esto es necesario entender sus leyes. Como la ley de la reencarnación y la ley de la acción y reacción. Puedes explicarte por qué no estoy enfadada: cuando nació Rodrigo, mi marido quiso donarlo. Cuando no acepté, nos abandonó. Mi marido estaba indignado, no podíamos entender por qué nuestro hijo nació así. Éramos buenas personas, sufrimos y no teníamos ningún pecado que castigar. No me rebelé, lo acepté. Pero la aceptación sin comprensión a veces nos deja indignados, con tendencia a la autocompasión y, por mucho que no quisiera, cuando veía todos los días a otros niños sanos me preguntaba: ¿por qué? Descubrí la Doctrina Espírita y fue allí donde obtuve respuestas coherentes, explicaciones que parecía que ya sabía, aclaraciones sobre las cuales razonaba hasta concluir que eran correctas y verdaderas.

Lúcia hizo una pausa. Como se dio cuenta que Rosa prestaba atención, continuó aclarando:

– Dios nos creó, somos espíritus y ahora vivimos en la espiritualidad, a veces en un cuerpo físico como el que estamos revestidos ahora. Nuestro espíritu tiene muchas oportunidades de regresar a la Tierra. Y como tenemos el libre albedrío si hacemos lo que queremos, podemos hacer el bien o el mal. Somos dueños de nuestras acciones y recibimos sus consecuencias a cambio. Cuando hacemos cosas malas, no sufrimos indefinidamente por ellas. Es como cuando tenemos una deuda: cuando la pagamos, ya no somos deudores. El que siembra sufrimiento cosecha dolores. Entonces, Rosa, entendemos el sufrimiento como una reacción a algo que hicimos indebidamente en el pasado.

– Dijiste que eres espírita. ¿Te consuela tu religión? – Preguntó Rosa interesada.

– Me reconforta, pero lo importante es que me ilumina. Creo que mi hijo hizo algo muy malo, al desencarnar su espíritu debió haber sufrido, necesitaba regresar al plano físico en un cuerpo enfermo para aprender a valorar un cuerpo sano y agradezco a Dios por estar cerca de él y poder ayudarlo.

– Hablas diferente, pero me estás haciendo entender.

– Si lo entiendes, estarás más tranquila.

El pequeño hijo de Rosa lloró, ella fue a consolarlo y Lúcia fue a sentarse junto a la cama de Rodrigo.

Cecilia vino a traerle el almuerzo y Lúcia le habló de Rosa y su hijito.

- Dale mi ejemplar de bolsillo de *El Evangelio según el Espiritismo*.

Cecilia se acercó a Rosa, le entregó el libro, le ofreció galletas y la invitó al Centro Espírita. También dejó una tarjeta con su número de teléfono.

- Si quieres, Rosa, que visitemos a tu hijito, llámame. Podemos verlo, rezarle, darle un pase.

Por la tarde el pediatra le dio el alta a Rodrigo.

- Aquí tienes la receta, dale la primera dosis por la noche.

Lúcia iba a buscar la receta, pero Isabel, que estaba al lado del médico, fue más rápida.

- Tú los dejas en casa y luego compro la medicina - dijo la cuñada, decidida.

Lúcia la miró agradecida, ya que no tenía dinero y los tres días sin trabajar le harían mucha falta, ya que ganaba dinero cosiendo ropa.

Cuando llegó a casa la encontró limpia, con la ropa lavada y planchada. Isabel le informó:

- Cecilia tomó la ropa, la lavó y planchó en su casa. Los vecinos ayudaron, la señora María José vino a limpiar y Augusta fue a hacer sopa y luego trajo la cena.

Isabel salió a comprar la medicina y Lúcia hizo una oración de agradecimiento por la ayuda recibida. Bañó a Rodrigo y también se bañó, llegó Augusta con la sopa, cenaron, volvió Isabel con la medicina. Los vecinos fueron a ver a Rodrigo quien, a su manera, les contó que recibió inyecciones. Al verlos cansados, todos se fueron. Isabel recomendó:

– Lúcia, no vayas a coser, por favor descansa, Rodrigo tiene sueño, vete a dormir. Descansada mañana, trabajaré mejor.

Lúcia hizo lo que le sugirió su cuñada.

– Que lindo es estar en casa, dormir en mi cama.

Rodrigo se despertó por la noche y preguntó:

– Mamá, ¿estamos en nuestra casita?

– Sí hijito, estamos gracias a Dios, en nuestra casita.

Días después, Rodrigo ya se encontraba bien y regresó al colegio. Lúcia entendió lo hermoso que era verlo haciendo arte, queriendo algo a cada momento.

"¡Tenía mucho miedo de perderlo! No tuvo nada grave y ahora está bien. No quiero que Rodrigo se ponga mal, lo quiero siempre conmigo" - pensó feliz.

Capítulo diez

Entendiendo las razones

Mário se adaptó rápidamente al vecindario donde había elegido residir. Le gustó el trabajo, empezó a ganar bien e hizo amigos. Meses después alquiló un apartamento en un edificio relativamente antiguo, dejó la pensión y se mudó. Lo amuebló con muebles caros y compró muchos electrodomésticos, haciendo que su hogar fuera cómodo y hermoso. Tenía algunas prostitutas como vecinas y era amigo de ellas. No estaba involucrado emocionalmente con nadie más. Tenía relaciones sin importancia y vivía solo.

Aprendió mucho en ese trabajo y se convirtió en un excelente mecánico. Cuando cumplió un año allí, compró un auto y meses después lo cambió por uno mejor.

A las "chicas", como llamaba a sus vecinas, les agradaba. Él siempre estaba ayudándolas. Una de ellas lo intrigó: era Marli. Tenía 27 años y era muy hermosa. Estaba separada de su marido y dijo que lo dejó porque él la golpeaba. Tenía dos hijos, que se quedaron con su madre.

Una noche fue a cenar con algunas de las chicas y mientras hablaban Marli comentó:

– Mário, soy chica de programa porque me gusta. Fue antes de casarme. Cuando conocí a mi ex marido pensé que me adaptaría a la vida de casada, incluso lo intenté. Pero él, por celos, hizo de nuestras vidas un infierno. Me separé y podría haber conseguido un trabajo, tengo un título de educación superior, pero no me gustan las reglas, tener horarios ni tener que obedecer. Mis hijos no saben lo que hago, creen que vivo en otra ciudad y que tengo un buen trabajo. Mi ex marido va a verlos casi todos los días, se volvió a casar, su actual esposa es muy correcta. Mis hijos lo tienen todo, no les falta nada materialmente y mi madre los quiere mucho, son felices.

– ¿No tienes miedo que te desprecien cuando se enteren de lo que haces? – Preguntó Mário.

– Tienen seis y cuatro años. Son pequeños. No quiero pensar en esa hipótesis ahora. Un problema a la vez. ¿Quién sabe qué pasará en el futuro?

"Marli ha pecado desde que era una adolescente. Quizás Dios la ha castigado" - pensó Mário, quien le preguntó:

- ¿Tus hijos son sanos?

- Sí, lo son - respondió Marli -, están sanos, fuertes y son muy inteligentes.

- ¿Cómo puede ser? - Se preguntó más Mario para sí mismo.

- No entendí tu pregunta. Por favor, repite - preguntó Marli.

- Marli, ¿crees que Dios castiga a los padres dándoles hijos enfermos?

- ¡Mário, hoy estás confundido! No lo entiendo. ¿Crees que por haber hecho algo malo Dios castigaría a mis hijos? Dios no castiga a nadie, especialmente a las personas inocentes. ¡Que absurdo! Y mi error no es tan grave. Peores son los que actúan con crueldad, robando, torturando y matando. Y estas personas tienen hijos sanos. Si Dios quiere castigarme, está bien, realmente lo estoy haciendo mal. Pero sería muy injusto castigar a mis hijos por mis errores.

- ¿Por qué crees que un niño nace con discapacidad? - Preguntó Mario.

- No lo sé - respondió Marli -, pero de una cosa estoy absolutamente segura: no es un castigo de Dios. ¡Nuestro Creador es bueno!

Cida, que estaba cenando con ellos y escuchándolos, decidió dar su opinión:

- Tengo una teoría sobre este tema: la reencarnación. Mis padres se hicieron espíritas. Cuando voy a visitarlos, mamá me cuenta lo que ha aprendido en el Centro Espírita al que asiste. Ella dice que somos espíritus y que hacemos prácticas en espiritualidad y aquí en el plano físico. De todo lo que hacemos, bueno o malo, recibimos el retorno. Y que nadie sufre mucho tiempo en el Más Allá, el espíritu regresa en otro cuerpo. Nadie sufre en lugar de otro o por otro, sino que sufren juntos cuando se aman.

– ¡La reencarnación explica muchas cosas! – Exclamó Marli –. Cuando sea vieja, me voy a dedicar a una religión y ésta debe tener la reencarnación en sus enseñanzas.

– ¡Cuando seas vieja! ¿Vivirás hasta la vejez? ¿Por qué dejar para el futuro lo que puedes hacer ahora? – Preguntó Cida.

– Ahora no tengo tiempo – respondió Marli –. Pero ¿y tú? ¿Por qué no sigues la religión de tus padres?

– He estado pensando mucho en eso. No es prudente dejar nada para el futuro, porque es incierto. Si me hago espírita, tendré que hacer lo correcto: dejar esta profesión.

El Espiritismo nos advierte que tenemos la obligación de mejorarnos interiormente.

– Tú, Cida, has dicho muchas veces que quieres hacer otra cosa profesionalmente. Quizás haya llegado el momento – dijo Mário.

Las dos tuvieron que irse y la conversación quedó para otro día.

Mário estaba pensativo. Si Marli no tenía religión, pecaba y sus hijos estaban sanos, Dios ciertamente no castiga a los padres a través de sus hijos. La teoría de Cida era coherente. Realmente deberíamos vivir aquí en la Tierra durante muchos años.

"Si ese es el caso, ni Lúcia ni yo hemos pecado, sino Rodrigo. Su espíritu debe haberse equivocado y por eso nació en esta vida con una discapacidad. Si eso es cierto, ¡Dios es bueno! Creo que iré al puesto de libros espíritas de la plaza, compraré algunos libros para leer y entender qué es la reencarnación" - pensó Mário.

Al día siguiente fue al quiosco. La encargada, una joven muy amable, le recomendó unos libros que explicaban el asunto. Entre ellos, dos libros de Allan Kardec, *El Libro de los Espíritus* y *El Evangelio según el Espiritismo*.

Por la noche, Mário los cogía y los hojeaba. No le gustaba leer, pero estaba interesado. Lo leyó pieza por pieza, temas elegidos por el índice. Y por lo que leyó pensó que la reencarnación respondía a sus preguntas.

Días después, Mário fue invitado por las chicas a una fiesta en una discoteca lejana. Fue y las llevó en su auto. Al llegar allí, se dieron cuenta con decepción que el lugar no era una discoteca, sino un bar y estaba mal concurrido.

– Ya que estamos aquí, tomemos una cerveza y entonces nos iremos – decidió Marli.

Bajaron las escaleras, las chicas entraron al bar, fueron a tomar unas copas y Mário se quedó en la puerta observando el movimiento. Se asustó cuando escuchó su nombre.

– ¿Mário?

Miró y tardó un momento en reconocer quién lo había llamado.

– ¿Papá? – Exclamó asombrado.

– Sí, soy yo, tu padre. ¿Cómo estás, hijo?

– Bien, ¿y tú?

– Bebiendo y vivo – respondió el padre.

Él se acercó. El padre de Mário era anciano, muy delgado, con una expresión que suelen tener los alcohólicos.

– Hoy todavía no he bebido nada – explicó el padre –. No hace falta que me rechaces. ¿Qué estás haciendo aquí?

– Vine a traer a las chicas – dijo Mário y señaló a las chicas que estaban frente al mostrador.

– ¿Conductor?

– Más o menos.

- ¿Continúas trabajando como mecánico?

– Debe ser extraño que todavía estés vivo, ¿verdad? ¿Tú bebes? Siempre fuiste tan estricto cuando era niño y adolescente.

– No señor, no bebo. No me gustan las bebidas – respondió Mário mirándolo.

– Nada de borrachos – completó el padre –. Me acusaban de muchas cosas. No les agrado. Siempre decían que yo no valía, que los había abandonado, etc. ¡Sí, lo hice! Fue por la maldita bebida. Pero cuando los dejé, tus dos hermanos eran buenos tipos y ninguno de ellos estaba enfermo. Y tú que me juzgaste, ¿qué hiciste? Supe que abandonaste a una mujer honesta y a un hijo recién nacido enfermo.

¡Actuaste peor que yo! Bebiste el agua más sucia. ¡Tú, Mário, eres mucho peor que yo!

Dos hombres, compañeros de fiesta de su padre, pasaron por allí y detuvieron al padre de Mário, invitándolo a beber. Miró a su hijo y dijo:

- ¡Quédate con Dios!

Mário sufrió un malestar. Llamó a las chicas para que se fueran, le pidieron que esperara un poco más. Se subió al auto. Tenía ganas de llorar. Las palabras de su padre resonaron en su mente.

"¡Eres peor que yo! Abandonaste a una esposa honesta, un niño recién nacido enfermo. ¡Fuiste peor que yo!"

Las chicas todavía tardaron un poco y él esperó con impaciencia. Cuando llegaron, se sintió aliviado de poder irse. Esa noche no durmió bien, el encuentro con su padre lo perturbó mucho.

Mário permaneció callado por unos días, aburrido y escuchando a sus amigas:

– ¿Qué pasa, Mário?

– ¿Necesitas algo?

– ¿Puedo ayudarte?

Dio las gracias y respondió:

– Estoy un poco triste. ¡No es nada!

– Aunque tienes muchos amigos, estás muy solo. Necesitas encontrar a alguien y formar una familia – aconsejó doña María.

"¡Formar una familia! ¡Qué irónico!" - pensó.

Doña María era dueña de un pequeño restaurante cerca de su edificio. Él y las chicas iban mucho allí. Doña María era como una madre para sus clientes, se preocupaba por todos y siempre estaba asesorándolos.

– Doña María, no quiero involucrarme con nadie – respondió Mário.

– Si quieres ayuda para encontrar a alguien, dímelo, puedo dar una opinión. No puedes olvidar, ¿verdad? – Preguntó doña María.

– ¿Olvidar qué? – Preguntó Mário mirándola con curiosidad.

– A veces olvidar algo es más fácil que olvidar a una persona. Mário, si tienes algún problema que no se ha resuelto, ¡resuélvelo! La vida está hecha de nuevos comienzos. Pero a veces, para empezar de nuevo, no podemos tener nada pendiente que nos moleste.

Mário bajó la cabeza y no dijo nada más. Doña María se alejó. Pensó:

"¿De verdad tengo algo pendiente? ¿Lúcia y su hijo? Quiero creerlo. ¿Es suficiente querer?"

Días después, anunció doña María emocionada.

– Mi hermano Teobaldo vendrá a pasar unos días conmigo.

Todos se regocijaron. Algunas chicas ya lo conocían. Y una de ellas le informó a Mário:

– ¡Teobaldo, Teo, está ciego! Es una persona increíble. A todo el mundo le gusta.

Mário tenía curiosidad por conocerlo. Dos días después, durante la cena, le presentaron al hermano de doña María.

- ¿Eres Mario, el gran mecánico? - Preguntó Teo sonriendo -. Le gustas mucho a mi hermana. ¿Cómo estás?

- Bien, ¿y tú? - Respondió Mario apretando su mano.

- ¡Muy bien, gracias!

Teo era alegre, extrovertido. Mientras cenaba, narró algunos hechos curiosos que le ocurrieron durante el viaje. Mário le prestó atención y vio con sorpresa que usaba los cubiertos según las reglas de etiqueta.

-¡Permanecer ocho horas en el bus fue un placer para mí! - comentó Teo -. Hablé con muchos de los pasajeros, que fueron amables conmigo. En las paradas uno de ellos siempre me preguntaba si necesitaba algo. Brasileña y fraterna, a la gente le gusta ayudar.

Tres días después, Mario llegó tarde al almuerzo y encontró a Teo sentado en una mesa, solo. Fue a hacerle compañía. De hecho, estaba esperando una oportunidad para hablar con él a solas. Quería preguntarle si se sentía agraviado por Dios.

- Teo, ¿estás feliz o simplemente aparentas estar feliz?

- Tu pregunta es extraña - respondió Teo -. ¿Feliz? ¿Feliz? Tenemos momentos felices y también algunos tristes. Los acontecimientos cotidianos que nos ocurren son actos externos. La felicidad para mí es algo que viene de dentro, independientemente de los acontecimientos. ¡Soy feliz! ¡Estoy feliz!

Es una alegría volver a ver a María, estar con ella. Feliz porque siento a Dios en mí, tengo la conciencia tranquila, no tengo deseos y estoy en paz.

- ¿Tienes muchas dificultades? - Le preguntó Mario.

- Yo sí, pero ¿quién no las tiene? Soy muy feliz cuando las supero.

– Háblame de ti – preguntó Mário.

– Tengo 26 años, estoy casado, padre de una niña de tres años, que es hermosa y sana. Amo y soy amado. Trabajo y me gano la vida con dignidad. Salgo, camino y, lo mejor de todo, no me importa.

– ¿Has sido ciego desde pequeño? – Quiso saber Mário curioso.

– No nací con discapacidad visual, pero es como si la tuviera. Prematuramente, mi visión fue dañada. En este cuerpo físico, no lo vi.

– ¿A qué te dedicas profesionalmente?

– Trabajo en una gran fábrica de muebles. Lijo las piezas de madera. Por mi tacto, sé dónde lijar. Yo hago el acabado. Me gusta lo que hago y lo hago perfectamente. Estoy de vacaciones. Mi esposa también trabaja, pero como ella no está de vacaciones, vine solo. Estamos planeando tener otro hijo.

– Teo, lo siento si pido demasiado. Y quería entender el motivo de las deficiencias. ¿Por qué crees que eres ciego? Sé que hay razones físicas, pero ¿por qué contigo? ¿Castigo para tus padres?

– ¡Dios no me permita ser un castigo para mis padres! ¡No se lo merecen! ¡Qué absurdo! ¡No soy un castigo para nadie! Mis padres me aman y yo los amo. Tal vez les di más trabajo físico que otros niños. Pero les he recompensado, siempre he sido un hijo bueno. Nunca se quejaron ni mostraron más preocupaciones por mí. Hay mucho amor entre nosotros.

Teo sonrió feliz y continuó:

- ¿Por qué? Si no aclaramos los motivos que nos atormentan, nos inquietamos. Estoy ciego en este cuerpo actual. Pero mi alma, mi espíritu, es perfecto, ¡porque Dios no se equivoca! Todo lo que el Creador hace es perfecto. Nosotros somos los que desarmonizamos. Somos en el presente lo que hicimos en el pasado y seremos en el futuro lo que estamos haciendo ahora en el presente. Mário, veré cuando este cuerpo físico muera. Y he aprovechado esta oportunidad de aprendizaje que me está brindando la discapacidad visual, te puedo decir que, aunque soy ciego, he visto más que muchas personas. Estoy seguro que con esta discapacidad mi espíritu se ha vuelto más lúcido, me ha hecho comprensivo, amoroso, me hizo prestar atención al prójimo. Ahora soy una persona agradecida, religiosa y feliz porque estoy en paz conmigo mismo.

Hizo una pausa. Mário, asombrado, escuchaba todo en silencio. Teo preguntó:

– Oye, Mário, ¿estás escuchando? ¿Te molesté con mi conversación?

– No, Teo, me sorprende lo que dijiste. Te imaginé enojado e infeliz. Cerré los ojos y concluí que debía ser muy malo no ver nada.

– Bueno, creo que es peor ver y no ver, no sentir a la gente, no entender la vida. Nunca estuve enojado. No sé si podrás entenderme. Estoy aprovechando una gran oportunidad para pasar tiempo con otras personas, aprender mucho de mi discapacidad, progresar espiritualmente. ¿Te ayudé?

Mário sonrió entendiendo que Teo podría ser ciego, pero, según dijo, sentía a las personas. Aprovechó para preguntar sobre lo que lo atormentaba:

– Tienes discapacidad visual, pero comprendes los acontecimientos y estás aprovechando, como dices, esta oportunidad. Pero es posible que las personas con discapacidad mental no puedan comprender tu situación. ¿Existe alguna razón para que alguien sea discapacitado? Si no es un castigo para los demás, ¿qué pasa con él mismo?

– Bueno, déjame pensar – dijo Teo, lentamente –. Es más fácil hablar de nuestra experiencia. Pareces preocupado por el castigo. ¡No creo en el castigo! Tenemos que reequilibrarnos, armonizar lo que estaba desequilibrado y, a veces, para volver a tener armonía, el dolor nos tiene que enseñar. Si entendemos que las dificultades son lecciones que fueron rechazadas, todo se vuelve más fácil. No se debe sufrir pensando que es un castigo; se hizo de deudas, hay que saldarlas. De hecho, la vida exige lo que debe, pero si entendemos que estamos teniendo oportunidades para aprender, hacer las cosas bien, corregir nuestros defectos, no nos rebelamos. El aprendizaje es un regalo que Dios nos da.

Teo hizo una pausa, se acomodó en la silla y continuó explicándole a Mário, quien estaba muy atento:

- No veo los colores, pero existen, están ahí para colorear el mundo. Una persona con discapacidad mental no sabe muchas cosas, pero existen. Siempre que cualquier órgano físico tenga carencias, otros tratan de suplirlas. Debes entender que en un cuerpo físico hay un espíritu que es perfecto. ¿Y no será una experiencia para este espíritu estar en un cuerpo discapacitado? Creo que sí. Aprendemos de las adversidades y de nuestras necesidades. ¡El discapacitado mental es un ser afectuoso, amoroso, una persona tan fácil de amar!

Cualquiera que esté cerca de uno se enriquece con la experiencia.

- ¿Crees que él, el discapacitado mental, solo sirve para dar experiencia a los demás? - Preguntó Mário queriendo más aclaraciones para no tener más dudas.

- Digo lo que pienso - respondió Teo -. Siempre cambio de opinión a medida que aprendo. Mário, somos únicos, íntegros, hijos de Dios, seres especiales. Puede que seamos solidarios, pero nos sentimos solos. Solo somos responsables de lo que hacemos. Solo nosotros podemos educarnos a nosotros mismos. Podemos instruir a otras personas, dar ejemplos y recibir conocimientos de ellas.

Pero la decisión de lo que hacemos es nuestra. Viviendo unos con otros, los demás son de gran importancia para nuestro progreso. A veces necesitamos ayuda, a veces podemos ayudar. Una discapacidad en la familia puede ser un trabajo duro, pero genera aprendizaje para todos. La persona discapacitada aprende la lección que necesita y quienes conviven con él aprenden otras. Y todas estas lecciones son muy valiosas.

Se quedaron en silencio. Mário le dio las gracias y volvió a trabajar. Era tarde, pero valió la pena. Se sintió tranquilo. Sus porqués ya no le molestaban. Pero todavía no resolvía su problema. No fue porque no los vio, los ignoró, que Lúcia y Rodrigo no existían. La noche no se fue y se quedó pensando en lo que escuchó.

"¡Teo ve mucho más que yo!" - pensó.

Días después Teo se fue y todos extrañaron su alegría y sabiduría.

La semana siguiente hubo un feriado a mitad de semana. Las chicas salieron por el día. Almorzó solo.

"¡Voy a ver a Lúcia!" - pensó.

Siguiendo un impulso, condujo hasta el barrio donde vivía cuando era recién casado. Se detuvo en la esquina de la calle que cruzaba la de su antigua casa. Su corazón se aceleró.

"¿Cómo estará Lúcia? ¿Casada con otra persona? ¿Sigue viviendo allí? ¿Cómo me recibirá?" - pensó.

Llamó a la puerta. Escuchó que apagaban la radio. Observó el lugar, la casita había sido poco modificada, el muro frontal había sido levantado y el portón estaba alto y cerrado con llave.

La puerta se abrió y Mário vio a Lúcia, quien lo miró asombrada. Ambos se quedaron quietos. Mário pensó que Lúcia seguía muy hermosa, había cambiado poco, parecía como si la hubiera visto el día anterior. Por un momento, pensó que ella gritaría su nombre, expresaría alegría al verlo, esperaba que lo abrazara. Pero como ella no dijo nada, él dijo:

- ¿Puedo entrar?

- Sí, abriré la puerta. ¡Entra!

Él la siguió, entró y Lúcia cerró la puerta. Se sentó en el sofá. Mário notó que el cuarto estaba adaptado para que ella pudiera coser. Tiró ropa sobre el sofá. Lúcia se sentó en la silla frente a la máquina de coser y esperó a que hablara.

- ¿Cómo estás, Lúcia? - Preguntó.

-Bien, ¿y tú?

- Todo bien. ¡Hoy hace calor! - Comentó Mario tímidamente.

- ¡Así es! - Respondió Lúcia secamente.

Mario vio a un niño sentado a la mesa del comedor, recortando una revista. El niño lo miró, sonrió y siguió cortando.

"¡Es Rodrigo! ¡Qué grande está!" - pensó.

- Estaba pasando por allí y decidí hacerte una visita.

Mario habló tratando de encontrar un tema del que hablar.

Tenía ganas de preguntar por el niño, pero no tuvo el valor. Lúcia lo miró seriamente y sólo respondió:

- Y...

- Creo que me iré, no quiero molestarte – dijo Mario esperanzado.

Por un momento pensó que Lúcia pediría quedarse y se decepcionó cuando ella se levantó y abrió la puerta.

Mário se levantó lentamente y se dirigió hacia la puerta abierta.

– ¡Adiós! – Exclamó.

– ¡Adiós! – Respondió Lúcia y cerró la puerta sin hacer ruido.

Mário sintió una opresión en el pecho, caminaba lentamente sin mirar hacia los lados ni hacia atrás. Estaba muy amargado. Se dio cuenta que deseaba que ese encuentro hubiera sido diferente. Que Lúcia lo acoja con alegría, quizás mostrándole su antiguo amor. Subió al coche y regresó a su apartamento.

Ni siquiera salió a comer. Se sintió triste pensando en la visita, en Lúcia y el pequeño recortando dibujos. Lloró y solo en las primeras horas de la mañana logró dormir.

Capítulo once

Volviendo a comenzar

En ese feriado, Lúcia había salido a pasear con Rodrigo por la mañana.

Los dos almorzaron solos y luego intentó distraerlo para que pudiera trabajar. Le gustaba mucho escuchar música a alto volumen. Encendió la radio y le dio revistas para que las recortara con sus tijeras romas.

Cuando escuchó un golpe en la puerta, apagó la radio, abrió la puerta y se quedó paralizada por la sorpresa. Vio a Mário frente a ella, más delgado, bien vestido y guapo. No sabía qué hacer. Había imaginado mucho este encuentro. Que lloraría de emoción, que la abrazaría diciéndole que los amaba – a ella y a su hijo –, que le pediría perdón. Y allí estaba él, mirándola con indiferencia. Ella se puso nerviosa con su presencia y más cuando él se sentó en el sofá y se comportó como un visitante. Se enojó cuando Mário miró a Rodrigo, no le dijo nada a su hijo, ni siquiera lo saludó, ni siquiera un gesto de cariño.

Ella se sintió aliviada cuando él se fue, porque quería atacarlo.

Cuando cerró la puerta, Lúcia se apoyó en ella, su corazón latía aceleradamente.

"¡Te he estado esperando todos estos años! ¿Para qué? ¡¿Para ver tu indiferencia?!"

Como no había cerrado la puerta, tomó la llave y fue a cerrarla. Cuando cerró la puerta, miró a la vuelta de la esquina y vio a Mário saliendo en un auto.

"¡Tiene hasta auto! Nuevo y caro. ¡Nunca le dio nada a su hijo! ¡Se acabó, Mário! Mi espera por ti llegó a su fin. ¡Se acabó!" - pensó Lúcia con tristeza.

Entró, se acercó a Rodrigo y lo besó, él se rio alegremente. Lúcia lo invitó:

– ¿Vamos a casa de tía Cecilia?

Ellos se fueron. En ese momento, Lúcia decidió aceptar la invitación a salir de Samuel.

"Mis hermanas y Carlos – recordó -, me aconsejaron que empezara de nuevo, que tuviera a alguien, insistieron en que pensara más en mí, no los escuché, preferí esperar el regreso de Mário. Tenían razón. No debí quedarme esperándolo, pero todavía hay tiempo, puedo y debo cambiar.

Samuel llegó rápida y ansiosamente. Lúcia nunca había ido a buscarlo. Al verla sonreír, se calmó. Rodrigo lo abrazó.

– Samuel – dijo Lúcia –, vine aquí para preguntarte si quieres salir conmigo por las noches.

– ¡Claro que quiero! – Exclamó alegremente, sintiendo su corazón latir con fuerza –. ¡Ay, si quiero! ¿A qué hora te recojo?

Estuvieron de acuerdo en la hora. Lúcia, de la mano de Rodrigo, se fue y Samuel se quedó en la puerta viendo cómo los dos se alejaban. Sonría felizmente.

Samuel amaba a Lúcia desde hacía mucho tiempo. La conocía desde que vino con Rodrigo cuando aun era un bebé y no vivía en el barrio. En ese momento él estaba casado y no le prestaba atención. Cuando quedó viudo, empezó a mirarla y quiso salir con ella; como ella se negó, no insistió, pero de la admiración surgió el amor, que creció. Volvió a insistir, pero Lúcia le dejó claro que no quería involucrarse con nadie. Había muchas mujeres interesadas en él. Viudo, sin hijos y con algunos bienes económicos, buena presencia, educado, pero solo pensaba en Lúcia.

Eufórico, entró en la casa y se preparó para salir. Fue una sorpresa muy agradable. Él la había invitado a salir muchas veces y ella se había negado. Ahora, la invitación de ella lo dejó un poco confundido, pero también esperanzado.

"¿Qué pasó para que ella quisiera salir conmigo? - pensó Samuel -. No importa por qué fue, lo importante es que nos vamos a salir."

Antes de la hora prevista, se encontraba en la puerta de la casa de Lúcia. Cecilia ya había ido a buscar a Rodrigo fueron a cenar al centro de la ciudad. Lúcia nunca había estado en un restaurante así, quedó encantada con el lugar, era acogedor, apto para parejas enamoradas.

- Aquí podemos hablar sin que nadie nos interrumpa – dijo Samuel.

Y hablaron mucho. Lúcia, aunque sabía que Samuel sabía todo sobre ella, resumió su vida y concluyó:

- Creo que debería olvidar el pasado. Ahora estoy segura que Mário no es nada para mí, para nosotros, Rodrigo y yo. Ya no me gusta.

Samuel habló de él. Lúcia también sabía muchas cosas que le habían pasado, pero escuchaba atentamente.

- Me casé joven. Fuimos felices, aunque con muchos problemas. Heredé un pequeño mercado de mis padres y prosperamos. Siempre quise ser padre, pero mi esposa no podía tener hijos. Su hermana, mi cuñada y su esposo desencarnaron en un accidente automovilístico y dejaron dos hijos, Isabela de 12 años y Marcio de ocho años. Los traje a nuestra casa y eran nuestros hijos. Ambos estudiaron, se graduaron, se casaron, son grandes personas, soy muy buen amigo de ellos. Mi esposa enfermó, tuvo cáncer, sufrió mucho, fue una época difícil. Ella desencarnó y me quedé solo. El Espiritismo me consoló mucho. Quiero volver a casarme, pero sólo lo haré con alguien a quien ame.

Lúcia notó que Samuel era muy agradable, amable y disfrutaba salir con él.

Y llegaron otras invitaciones. Salieron solos un par de veces y la mayoría junto con Rodrigo. A su pequeño hijo le gustaba cada vez más Samuel.

- Samuel - dijo Lúcia - No puedo salir mucho, tengo que trabajar, gano dinero cosiendo ropa. No me gusta depender de mis hermanos.

– Estamos saliendo, ¿no? ¿Por qué no puedo ayudarte?

Lúcia acabó accediendo y Samuel pagó la fisioterapia de Rodrigo, compró medicinas y abasteció su casa con bienes del mercado. Les dio regalos a Rodrigo y a ella. Lúcia se dio cuenta que Samuel la amaba. Se sintió segura y feliz. Él siempre la elogiaba y a ella le gustaba ser importante para alguien.

– Lúcia – declaró Samuel –. Te admiro mucho por haber tenido el coraje de tomar la decisión de quedarte con Rodrigo. Una mujer que actúa como tú merece toda la confianza. ¡Eres maravillosa!

Amigos y familiares estaban ansiosos por que su mudanza fuera un éxito.

– Lúcia – dijo Carlos –, quiero que seas feliz. Que incómodo me hacía verte sola, sin ganas de empezar de nuevo. Me gusta Samuel, es honesto, trabajador, todos lo conocen en el barrio.

– Lúcia – dijo sonriendo –, querida, ojalá no cosieras más. Si quieres trabajar, ven a ayudarme con la administración del mercado.

– No sé cómo hacer eso – argumentó Lúcia.

– ¡Aprenderás!

Llevaban cuatro meses saliendo y se veían todos los días. Entonces cosía menos, pero con la ayuda de Samuel, sus hermanos no necesitaron darle nada más.

Lúcia se sintió tranquila.

"¡Qué maravilloso es ser amada!" -, pensó felizmente.

Cuando lo extrañó, se dio cuenta que le gustaba y le contó el hecho:

– Samuel, quiero decirte algo: ¡me gustas!

Estaba tan emocionado que ni siquiera podía hablar.

- Yo te amo mucho.

Lúcia tuvo menstruación irregular y ya era tarde. Este hecho no la preocupaba, pero sí las náuseas matutinas. Se sentía diferente, una energía en su interior la envolvía. Pidió cita con un ginecólogo y no le dijo nada a nadie.

El médico le hizo algunas preguntas, la examinó y ella se asustó cuando le dijo:

– ¡Doña Lúcia, probablemente estés embarazada! Hagamos una prueba de laboratorio para confirmarlo.

Lúcia no podía hablar, tomó la orden de la prueba y salió apresuradamente de la oficina. Hizo el examen al día siguiente y esperó ansiosamente los resultados.

"No puede ser embarazo, estas náuseas deben deberse a otra causa" - pensó.

Lúcia llevó a Rodrigo al colegio y a la vuelta pasó por el laboratorio y recogió los resultados de las pruebas. Aunque ansiosa por conocer el resultado, solo abrió el sobre en casa. "¡Positivo! ¡Dios mío! Samuel podría pensar que lo hice a propósito! ¡Tengo que decírselo!" - pensó.

Fue a la puerta y vio a André, un niño, hijo de su vecino. Ella le pidió que por favor fuera al mercado y le diera un mensaje a Samuel, para que él pudiera ir a verla tan pronto como pudiera.

– ¿Qué es esto? – Preguntó Samuel tomando el sobre.

– ¡Una prueba de embarazo! ¡Positivo! Samuel, quiero explicártelo. Para quedar embarazada de Rodrigo tuve que hacerme un tratamiento. El médico en ese momento me dijo que solo volvería a quedar embarazada si me sometía a tratamiento. No tomé precauciones porque pensé que no quedaría embarazada.

Lúcia lloró. Samuel también lloró, se arrodilló a sus pies, besó su vientre y habló emocionado:

– Tú, Lúcia, estás llorando como yo de alegría, ¿no? ¡Voy a ser padre! ¡Tengo a Rodrigo y ahora éste! ¡Cómo Dios es bueno!

– ¿Estás realmente feliz? ¿No pensaste que era malo? – Preguntó Lúcia, aliviada y sonriendo.

– ¡Estoy tan feliz!

– No planeé este embarazo. ¡Al verte feliz me siento tranquila!

Se abrazaron.

– Vivamos juntos ahora. Si insistes en no querer vivir en mi casa, iré a la tuya.

– Samuel, ¿y si este bebé nace discapacitado?

– Un embarazo no tiene nada que ver con otro. Hijo es regalo de Dios. Si nace discapacitado, lo amaremos tanto como amamos a Rodrigo.

Samuel estaba tan feliz que Lúcia también lo estaba. Emocionado, les dijo a todos, familiares y amigos, que iba a ser padre.

Al día siguiente, Samuel acudió con Lúcia a un obstetra, quien confirmó que todo estaba bien con ella y el bebé. Lúcia respondió al pedido de Samuel, dejó de coser y se mudó con Rodrigo a su casa.

Isabela y Marcia les hicieron una fiesta a ambos. Un almuerzo en un salón de eventos para familiares y amigos. Recibieron regalos. Los dos sobrinos de Samuel lo querían mucho, estaban agradecidos y querían que él, su tío y padre adoptivo, fuera feliz. Fue una fiesta agradable, en la que los buenos deseos fueron verdaderamente sinceros.

La casa de Samuel estaba ubicada cerca del mercado, era grande, espaciosa y cómoda. Con él trabajó Ángela, una empleada de muchos años, una persona amable y trabajadora. Ella y Lúcia se gustaban. Ángela seguiría trabajando con ellos.

– No quiere que haga más trabajo pesado. Tú, mujer embarazada, debes descansar. Ya has trabajado mucho – determinó Samuel.

Lúcia quedó feliz con su cuidado y atención. Ella y Rodrigo tuvieron días ocupados. Solo se llevaban la ropa y los juguetes. Cuando se mudaron se donaron los utensilios a una familia que vivía cerca y se alquiló la casa. Samuel compró algunos muebles y electrodomésticos, se aseguró que Lúcia eligiera, de que todo fuera de su gusto. El dormitorio de matrimonio había sido completamente modificado.

Lúcia organizó la casa. Mientras ordenaba, notó que detrás de las puertas del closet, donde Samuel guardaba sus pertenencias, había papeles con frases escritas, el primero que vio fue en el closet del baño. Leyó: "Los bienes espirituales son más importantes que los bienes temporales."

- ¡Qué bonito! - Exclamó.

En el armario del dormitorio donde estaba su ropa, estaba pegado otro papel:

"Debo tener un sentimiento de caridad y amor por los demás y hacer el bien por el bien, sin esperar nada a cambio."

Por la noche Lúcia le comentó a Samuel:

- Vi unos papeles pegados a las puertas del armario.

Curiosamente los leí y parece que conozco estos dichos.

– Por supuesto que sí – explicó Samuel –. Son frases que adapté como recordatorios de un texto de *El Evangelio según el Espiritismo*.[10] ¿Quieres quitarlos? – Preguntó Samuel preocupado.

Quería hacer todos los gustos de Lúcia, pero me gustaron mucho estos recordatorios. Hacía mucho tiempo que me había propuesto seguirlos y, para no olvidarlos, había tomado frases del libro y las había colocado donde pudiera leerlas diariamente.

– ¡No! Me parecieron hermosas y me gustaron mucho. Si me lo permites también pondré algunos en las puertas de los armarios donde guardo mi ropa.

– ¡Qué maravilla que a ti también te haya gustado, Lúcia! Me gusta leerlos todos los días. Las lecciones repetidas son más fáciles de asimilar.

Esa noche estudiaron el Evangelio en el hogar.[11]

– Llevo mucho tiempo estudiando el Evangelio solo. Estoy muy feliz de tener una empresa. ¿Puedo leer este Capítulo: "Sé perfecto"?

---

[10] El texto citado es de *El Evangelio según el Espiritismo*, de Allan Kardec, Capítulo 17, "Sé perfecto, oh hombre bueno."

[11] Una recomendación para quienes siguen la Doctrina Espírita es la lectura del Evangelio en el hogar. Día y hora concertados y preferiblemente con la familia junta. Hay que leer un texto del Evangelio, comentar lo leído y orar juntos.

Lúcia asintió. Los tres se sentaron en el sofá del salón. Decidieron que Rodrigo participaría. Ella le dijo a su hijo que se callara y él lo hizo, ya que le gustaba rezar.

Samuel, emocionado, solo comentó después de leer:

– ¡Que Jesús nos dé fuerzas para poner en práctica lo que vamos aprendiendo en teoría! ¡Dios, gracias porque mi hogar ahora tiene tantas alegrías! ¡Ayúdanos a guiar a nuestros hijos, a Rodrigo y a este que nos está dando un regalo!

Los dos se abrazaron y ambos besaron a Rodrigo, quien estaba muy feliz.

Capítulo doce

La conferencia

Samuel daba conferencias en el Centro Espírita al que asistía, pero solo el primer sábado del mes. Lúcia nunca había ido a verlo hablar porque era difícil tener alguien que vigilara a su hijo. Con muchas ganas de ir, le pidió a Ángela que se quedara con Rodrigo y acompañó a su marido. Se sentó al frente de la sala y esperó ansiosamente.

Con calma, tranquilo, Samuel comenzó a hablar:

– Hoy les voy a contar una historia.

Hace mucho tiempo, en un país lejano, unas familias vivían en una zona rural, cercana a una ciudad costera. En una casa próspera vivía un oficial del ejército, un hombre muy honesto y activo, que perseguía a una banda de forajidos que robaban por la región. Un día tuvo que viajar por negocios, dejando a su joven esposa y a su hijo de dos meses con los empleados.

Esa noche, la banda de delincuentes que estaban molestos por la persecución del oficial invadieron su casa, matando a los sirvientes. La señora que había sido niñera del dueño de la casa y que ayudaba a la joven madre resultó herida en el abdomen, pero aun así, ella logró escapar, tomó al niño, lo ató a su vientre, lo puso encima su ropa y salió por la parte de atrás.

Los delincuentes asesinaron a la joven esposa y a todos los empleados y buscaron al niño. Los vecinos no se enteraron del ataque hasta la mañana siguiente.

La anciana niñera se dirigió con gran esfuerzo a la casa más cercana. Caminó con dificultad por una ganadería, a oscuras y con la herida sangrando. Pidió refugio.

La dueña de la casa cuya niñera pidió ayuda quedó impactada al enterarse del coraje de los delincuentes, pero no tenía recursos ni armas para ayudar a la familia atacada y acogió a la niñera junto con el niño. Escondió a la anciana en una habitación trasera y cuidó su herida. También eran jóvenes y tenían una hija de cuatro meses. La mujer de la casa amamantó al niño. No le dijeron a nadie que los habían acogido.

Los delincuentes buscaron al niño en la región y ofrecieron dinero a quien quisiera entregarlo. Entraron a las casas del barrio buscándolo, dejando a todos con mucho miedo, aterrorizados. Cuando entraron al hogar donde se refugiaban, la madre escondió a su pequeña hija que dormía dentro de una caja y les dijo a los bandidos que la niña que lloraba en el pozo era su hija. Los malhechores, hombres de la región, sabían que había tenido un bebé y le creyeron.

Al no poder encontrar al niño, los forajidos se marcharon, sintiendo venganza por haber asesinado a su esposa y a sus empleados y haber robado todo lo que había en la casa del oficial.

Cuando regresó a casa, el oficial sufrió mucho, y la vecina que albergaba a la niñera y al niño lo buscó y le habló en voz baja:

- Señor, su ama logró escapar esa noche con su hijo, se dirigieron a mi casa, donde están a salvo.

No quiere que nadie lo sepa. Ve más tarde, de noche, y míralos.

Tengo mucho miedo de que los delincuentes, cuando sepan que los recibí, se vengarán de mí.

- Lo entiendo y gracias. Pronto los buscaré.

Por la noche el oficial fue a la casa de su vecino. Lloró mientras abrazaba a su hijo y se fue con ellos dos, su niñera y su pequeño hijo, pero primero agradeció mucho a la familia que los había albergado.

Pasó el tiempo, la familia campesina se mudó a la ciudad, el bebé creció, se hizo adulto, se casó y tuvo un hijo de cuatro años. La madre, que ya no era tan joven, tuvo otro hijo, un niño que ahora tenía 14 años. El marido se había ido a otra ciudad en busca de un trabajo. Estaba trabajando y ahorrando para buscar a su familia y todos se mudarían.

Un joven oficial vino a trabajar a esta ciudad. Había sido trasladado después de mucha insistencia y por ser hijo de un general importante. En pocos meses supo todo lo que allí sucedía, especialmente sobre ciertas personas que eran objetivos de su interés. Este joven tenía un objetivo: vengar la muerte de su madre. Quería hacer daño a los que creía responsables y hacerles un bien y, al verlos sufrir, decirles por qué sufrían.

Cerca de la ciudad vivía un mago muy respetado que, según los vecinos, nunca se equivocaba en sus predicciones. Predijo que una gran tormenta con vientos muy fuertes destruiría parcialmente la ciudad y que muchas personas morirían. Dijo que hasta el día que sucedería la tragedia.

– Eso no es una predicción – comentó el joven oficial.

– En esta ciudad las tormentas son frecuentes, sobre todo en esta época del año.

– No conoces al mago, solo dice la verdad. ¡Si predijo una tormenta es porque será destructiva! – Dijo un subordinado con miedo.

Asustados, los residentes más ricos se dispusieron a abandonar la ciudad. El oficial decidió entonces aprovechar la confusión que se vivía en el lugar para poner en práctica sus planes de venganza. Fue a casa de sus enemigos. Habló con una señora, la dueña de la casa, porque su marido estaba trabajando en otra ciudad. Le dijo:

– Vas dos días antes de la tormenta a la ciudad donde está tu marido. Mi barco tiene capacidad para seis personas y te invito a que vengas conmigo.

– Acepto su invitación y gracias – respondió la señora conmovida.

– Vende lo que tienes y espérame, nos iremos juntos – dijo el oficial.

– No tenemos mucho que vender – explicó la señora.

– No es nuestra casa y no sé quién va a comprar algo que podría destruirse.

– Me gustaría llevarme a todos los de la ciudad, pero como esto no es posible, les pido que no le cuenten a nadie mi invitación y, para no levantar sospechas, se dividieran en dos grupos y me esperaran en diferentes. lugares. Escribiré una nota fijando una hora y un lugar para reunirnos.

La víspera de la partida, el oficial envió a un soldado a su casa para tomar nota. Escribió pidiéndole a la señora y a su hijo adolescente que lo esperaran del lado de la ciudad, en el camino que conducía a la montaña, y al joven matrimonio con su pequeño hijo cerca del muelle. Primero recogería a la dama, luego a la pareja y cruzarían el mar en barco.

Aunque les pareció extraño, decidieron actuar como les recomendó el oficial.

El oficial dispuso que dos hombres de su confianza robaran a la señora y a su hijo, los dejaran con la ropa puesta y luego hicieran lo mismo con la pareja. Y fueron robados. El joven padre reaccionó, fue atacado y herido.

A la hora señalada esperaron y el oficial nunca apareció. Estaban desesperados, sin dinero, sin comida, separados y no tenían forma de salir de la ciudad. Lentamente, la mujer abrazó a su hijo y oró a Dios pidiendo ayuda. Escuchó que alguien la llamaba:

– Señora ¿Qué hace usted aquí?

Reconoció quién la llamaba, era un ex empleado. Le contó lo que había sucedido.

– ¡Venga conmigo! – Invitó al hombre –. Cerca hay una cueva que ha resistido durante siglos y seguro que esta tormenta no la destruirá. Estoy allí con mi familia y algunas personas más.

Ella fue con su hijo adolescente. La cueva estaba sucia, olía mal y la gente estaba aterrorizada. La dulce y amable señora los calmó y, junto con su hijo, los cuidó, los consoló, los escuchó y los aconsejó.

La aterrorizada pareja y su hijo de cuatro años acabaron escondidos en un lugar cercano al muelle, que había servido de refugio en otras tormentas. Uno de los hombres que les robó los observó, vio dónde estaban y se lo dijo al oficial. Pensó con satisfacción:

"Si no mueren, los mataré yo mismo y, en este lío en el que está la ciudad, a nadie le importará llevar con tres cuerpos extra."

La tormenta estaba prevista para el día siguiente y esa noche el oficial recibió una visita inesperada.

– ¿¡Papá!? ¡Tú por aquí!

– ¿Estás loco? ¿Quién te dio los nombres de los asesinos?

– La niñera – respondió el joven oficial, decepcionado por la actitud de su padre.

– ¿La amas? Pero hijo mío, desde que se escapó contigo pequeño y quedó herida, no se ha recuperado. Fuiste llevado enfermo y confundido. ¿Cómo creerle? ¿Por qué no me preguntaste qué pasó entonces?

– ¡Nos vimos tan poco! No quería preguntarte por miedo a que te pusieras triste. La niñera dijo los nombres de estas personas.

El general se dio cuenta en ese momento que había sido un padre ausente para ese hijo. Años después de enviudar, se volvió a casar y tuvo otros hijos. Su esposa no encajaba con su hijastro, quien se fue de casa cuando era adolescente, y rara vez se veían.

– Hijo, los asesinos de tu madre fueron asesinados. Mis hombres y yo los perseguimos y los matamos. Eran bandidos. Esta venganza no me dio paz. Debería haberlos arrestado y no ejecutado. Esta familia que mencionaste fue la que los acogió, a ti y a la niñera herida. Incluso a riesgo de ser asesinados, los ayudaron. Te cuidaron con cariño, la señora te amamantó, compartió su leche, amamantó a una hijita y a ti. Si la ama pronunció sus nombres, fue sin duda con gratitud. Lo entendiste todo mal. ¿Qué hiciste, Dios mío?

– ¿Y ahora? – Preguntó el joven aterrorizado.

– Sabías que mataron a tu madre y que a ella solo la asesinaron porque unas personas lo ayudaron. En lugar de estar agradecido, alimentando el deseo de algún día devolver ese favor, alimentaste el deseo de venganza. Le diste más valor a lo que recibiste como malo que a lo que recibiste como bueno. ¿Sabes dónde están?

Entonces el hijo le dijo dónde estaban.

El general llamó a sus compañeros de viaje:

– Tenemos que salir de aquí y llevarnos a una pareja con un niño a otra ciudad. Sé que estás demasiado cansado para remar. Pero, ¿puedo contar contigo? Y tú, hijo mío, ven, conoce a la pareja.

Se fueron rápidamente, pero primero el general tomó algo de comida y leche.

Entraron al refugio cerca del muelle, cuando la gente los vio, gritaron pidiendo ayuda.

– Cálmense – dijo el general –. No está pasando nada.

No hay señales de tormenta.

– ¡Esos son, papi!

– ¡Oigan chicos, vengan conmigo! Sácalos de aquí.

El joven padre miró al oficial y dijo:

– ¡Llegaste tarde! ¡Pensé que ya no vendrías!

¡Nos robaron!

Los tres se levantaron y junto a ellos estaba una mujer con un bebé en brazos, su pierna estaba mal herida. Levantó al niño y se lo entregó a la pareja.

– ¿Puedo llevarlo? – Preguntó la niña al general. Él asintió. Cogió al bebé y dijo:

– Estaré con mi padre en la ciudad vecina. Yo cuidaré de tu hija, si vas a buscarla te la entregaré, si no, será nuestra hija.

La mujer intentó sonreír y asintió. Salieron de allí, se dirigieron al barco. La niña quería noticias sobre su madre. El general explicó:

– Tu madre y tu hermano están en lugar seguro, viajarán más tarde. Solo cabías en mi barco. Ahora, por favor, aliméntate.

Comieron con avidez. El general se despidió del hijo.

– Ahora ve a buscar a la señora con su hijo y llévalos a su casa. ¡Cuídalos como ellos te cuidaron a ti! Y si esta tormenta realmente llega, ¡ayuda a la gente!

Se fueron. Aunque cansados, llegaron al día siguiente por la tarde al destino.

El oficial salió del muelle y se dirigió al lugar designado y no encontró a la señora. Allí permaneció hasta el amanecer y nadie supo decirle dónde estaba.

La tormenta comenzó a la hora prevista. El oficial fue a su casa. Estaba muy angustiado y triste, el remordimiento le hacía sufrir.

Fue una tormenta devastadora, el fuerte viento destruyó casas y muchas personas murieron. Horas después llegó la bonanza. En la casa del oficial hubo pocos daños. Salió de casa, como le recomendó su padre, para ayudar a los necesitados. Trabajó sin parar, su casa se transformó en hospital. Solo tres días después encontró a la señora cerca del lugar de reunión.

– Lo siento, llegué tarde y cuando llegué no te encontré – dijo –. Ven conmigo, te quedarás en mi casa. Tan pronto como sea posible, te enviaré a tu familia. Tu hija, tu yerno y tu nieto están bien.

– Gracias a Dios. ¡Estaba tan preocupada por ellos! En cuanto a ir a tu casa, no tenemos dinero para pagarte, nos robaron.

– Serán mis invitados. Me alegro de encontrarte bien. Y a ti, joven, ¿te pareció muy mal que te quedaras en la cueva?

– Fue un mal día, estaba sucio, creo que cogí piojos. Pero aprendí mucho, ayudé a mi madre a cuidar a la gente y decidí ser médico para ayudar a los que sufren.

El oficial los llevó a su casa y allí los dos lo ayudaron a cuidar a las personas albergadas. Dos semanas después, los envió en barco para encontrarse con sus familias. Meses después, fue a visitarlos y antes de escuchar sus agradecimientos les contó todo, quién era y sus deseos de venganza.

Suplicó al final de la narración:

– ¡Perdónenme!

Ellos lo perdonaron. El oficial les devolvió lo que les había robado y tomó la resolución de no volver a vengarse y aprender a ser agradecido.

– Perdón por la larga historia – dijo Samuel, terminando la charla –. ¿No actuamos a menudo como este joven oficial? Lo que nos duele merece ser resaltado, recordado y, a veces, tomar represalias. Lo que nos hacen por bondad, podemos pensar que es una obligación de quien lo hace, y se olvida. A veces, siempre un amigo, familiar o alguien que conocemos nos hace siempre el bien, pero basta con una actitud que no nos guste para hacernos sentir heridos y olvidarnos de todas las cosas buenas. Oh, ya no nos gusta, no queremos verla más. Actuamos con ingratitud. Olvidemos los malos acontecimientos, demos énfasis a todos los favores que recibimos y ser agradecidos con nuestros bienhechores.

Lúcia y el público quedaron conmovidos por la charla de Samuel. Al regresar, Lúcia preguntó:

– Samuel, ¿dónde escuchaste esta hermosa historia?

– La soñé, Lúcia. La soñé anoche y sentí que yo era el joven oficial, y la joven madre, la hermanita, eras tú.

– ¿Nos pasó esto en alguna existencia pasada?

– Quizás – respondió Samuel –. ¿Cómo puede ser también que, dejando dormido mi cuerpo físico, me encontré con algún espíritu que me contó la historia o en un libro en el plano espiritual. Si este episodio me pasó en el pasado, aprendí la lección. Desde pequeño he sido agradecido y he intentado no guardar ningún recuerdo desagradable por mucho tiempo. Creo con certeza que no soy capaz de vengarme.

Regresaron felices a casa y Lúcia admiraba aun más a Samuel.

Capítulo trece

Diño

A Rodrigo le gustaba mucho su nuevo hogar, pero no quería dormir solo.

Acostumbrado a dormir con su madre, no quería quedarse en su habitación. Dos veces por semana Ángela se quedaba a dormir en la habitación con él.

Rodrigo llamó a Samuel su padrastro y los dos se llevaban muy bien. Samuel hizo todo lo posible para complacerlo.

Con la casa en orden, la pareja invitó a su familia, la de él y algunos amigos, entre ellos Cecilia, a pasar el domingo y ver los cambios que habían hecho en la casa. Durante el almuerzo, que transcurrió alegremente, Rodrigo comentó:

– Todos en la escuela tienen un padre. ¡Quiero tener el mío! Tú, tío Carlos, ¿no quieres ser mi padre?

– Ya soy tu tío, querido.

– ¿Y tú, Marcelo, no quieres ser mi padre?

– Soy tu prima y muy joven.

– ¡Soy tu padre, Rodrigo! – Dijo Samuel con determinación –. ¡Yo soy tu padre!

– ¿Es cierto? ¿Eres tú, Samuel, mi padre? – Preguntó el niño feliz.

– Sí – dijo Samuel –. ¡Deberías llamarme papá!

– ¡Papá!

Lúcia se conmovió y lloró de alegría.

Samuel llevó a Rodrigo al colegio y lo recogió. Presentaba a todos sus conocidos como su hijo.

Al niño le gustaba llamarlo papá, lo hacía todo el tiempo y le pedía que viniera a su clase para mostrar a sus amiguitos que tenía padre. Samuel lo amaba como si fuera su hijo y sentía una gran alegría al ser llamado padre.

En una reunión escolar, Lúcia se enteró que Ronaldo, Ronaldiño o simplemente Diño, amigo de Rodrigo, tenían a su madre enferma.

– Si alguien quiere quedarse con él la próxima semana, cuando tengamos vacaciones, avísenme – preguntó la directora.

Lúcia llegó a casa y se lo contó a su marido.

– ¿No es Diño ese chico muy amigo de Rodrigo que está pasando dificultades? – Preguntó Samuel.

- Es él mismo. La directora me contó que cuando era un bebé se cayó y su madre recién se dio cuenta que se había roto la pierna y el brazo derecho días después. Y quedó con secuelas, su pierna era centímetros más corta y su brazo tenía movimientos restringidos.

-¡Pobrecito! - Exclamó Samuel -. Traigámoslo para que se quede con nosotros. Acostaremos a Diño en la habitación con Rodrigo. Nuestro hijo definitivamente disfrutará de tener compañía.

A Lúcia le gustó la sugerencia y estuvo de acuerdo. Al día siguiente informó a la directora que se quedaría con él.

- El martes lo llevarás después de clase. Gracias Lúcia por quedarte con él. Diño es bueno y muy necesitado - informó la directora.

El martes Diño vino con Rodrigo del colegio. Se quedaría con ellos hasta el lunes. Solo trajo una bolsa con algo de ropa. Rodrigo estaba feliz de traer a un amiguito a casa, jugaron mucho. Cuando Lúcia fue a cambiarlos para la cama, vio que Diño no tenía pijama, así que le puso uno de Rodrigo. Samuel al verlo le pidió a Lúcia:

- Mañana le compras ropa y zapatillas.

Rodrigo, en compañía de su amigo, dormía contento en su habitación. El miércoles por la noche, Samuel le comentó a Lúcia:

- Diño mejoraría mucho si hiciera fisioterapia. Creo que también hay que ir al dentista, tomar algunas vitaminas. Lúcia, ¿vamos mañana temprano a su casa? ¿Vamos a conocer a la madre y saber qué enfermedad tiene y qué está pasando?

Ella estuvo de acuerdo y a la mañana siguiente fueron. Habían encontrado la dirección entre las pertenencias del niño. El barrio no estaba lejos de donde vivían. Cuando llegaron al lugar, se dieron cuenta que eran pobres y vivían en una casa antigua.

Una señora los atendió y los llevó a una habitación y sobre la cama estaba la madre de Diño.

– Somos la pareja que se quedó con Diño esta semana – se presentó Samuel.

– ¿Le pasó algo? ¿Lo trajeron? – Preguntó la mujer.

– No, él está en nuestra casa y está bien. Vinimos a visitarla y ver si podemos ayudarla – respondió Samuel.

– ¡Gracias a Dios! Estoy preocupada por él. He estado pensando mucho en qué será de él cuando me vaya.

– ¿Dejarlo? ¿Te vas? – Preguntó Lúcia.

– Estoy enferma y sé que voy a morir – respondió la mujer.

– ¡No! Definitivamente sanarás – dijo Lúcia.

– Debería estar en un hospital. No quería llamar para no dejarlo solo – explicó la madre de Diño.

– ¿Tienes familiares? – Preguntó Lúcia.

– Los tengo, pero es como no tenerlos. Yo... disculpe, iba a hablar de mí.

– ¿Por qué no habla? Podemos escucharla y si es posible ayudarla – dijo Samuel.

Estaba jadeando y habló lentamente:

- Yo era una prostituta. Tengo otras dos hijas mayores que Ronaldo. La primera siguió mis pasos, vive en otra ciudad, hace tiempo que no sabe nada de mí y no quiere saber nada de su hermano. La segunda se fue de casa, se escapó cuando tenía 16 años y no sé de ella, ni si está viva. Diño no tiene padre. No sé quién es su padre. Voy a tener que dejarlo en un orfanato. Ya intenté donarlo, pero no pude, nadie quiere quedárselo. Estoy aquí de favor, no puedo pagar la habitación. La dueña solo me deja quedarme por lástima, pero ya no quiere a Diño aquí.

Ella lloró profundamente. Lúcia la consoló, se acercó a su cama, que olía mal, y le pasó la mano por el cabello, que estaba sucio, igual que ella.

- Vamos a comprarte algo de comida - dijo Samuel.

- ¿Podrías comprarme estos medicamentos? Siento mucho dolor. Aquí está la receta – pidió la mujer.

Samuel asintió, tomó la receta y se fue. Subieron al auto y buscaron una farmacia. Las medicinas eran caras, Samuel pagaba con cheque y tenía que mostrar documentos al dueño. Luego fueron a un mercado cercano y compraron comida; les tomaría un tiempo si tuvieran que recoger los suministros de su mercado.

- Voy a pagarle al dueño de la casa lo que le debe la madre de Diño - dijo Samuel.

- ¡Pobrecito, se irá a un orfanato! - Exclamó Lúcia.

– ¡Pobrecito de verdad! Es un buen chico y pronto se convertirá en una víctima. Le pregunté al farmacéutico para qué servían los medicamentos. Me dijo que conoce a la madre de Diño y que ella tiene un cáncer avanzado y definitivamente fallecerá pronto. Lúcia, quiero hacer algo por este chico.

-¡Yo también!

- ¿Lo adoptamos? - Preguntó Samuel.

- ¡Vamos! ¿De verdad quieres adoptarlo, Samuel?

– ¿Nos lo quedamos? – Preguntó Samuel.

– ¡Vamos! ¿De verdad quieres adoptarlo, Samuel?

– ¡Si quiero! Hablemos con ella y pidamos quedarnos con el niño.

Samuel le dio dinero a la dueña de la casa para pagar la deuda de la madre de Diño. Le dio a la paciente la medicina y la comida y dijo:

– ¿Nos darías a Diño? Le va muy bien en casa, le hace compañía a nuestro hijo.

– ¿Quieres quedártelo? ¡Pero ya tienes un niño enfermo! – Exclamó asombrada la enferma.

– Rodrigo no está enfermo, es especial y Diño es un niño encantador. Queremos conservarlo – dijo Samuel.

– ¡Oh Dios, gracias! ¡Recé mucho para que Ronaldo estuviera bien! Conmigo no siempre estuvo bien atendido. Te lo daré, y si un día no lo quieres, déjalo en un orfanato, en un lugar donde pueda estar bien cuidado. Sus documentos están en la escuela, si los necesitas pregúntale a la directora.

– Se quedará con nosotros – determinó Lúcia, que se esforzaba por no llorar –. Tu hijito será nuestro. Nos ocuparemos de él.

- Hoy mismo iré al hospital. Me gustaría pedirte una cosa: no traigas a Ronaldo a verme. Él durmió aquí conmigo y luché en su presencia para lucir mejor. No quiero que me vea en peores condiciones.

- Está bien. Pero, si cambias de opinión, aquí tienes nuestro número de teléfono - dijo Samuel.

- Pide al hospital que avise a la escuela cuando muera, y la directora te informará. ¡Que Dios los proteja y los bendiga! ¡Gracias!

Lúcia lloró cuando subió al auto.

– Samuel, lo sentí mucho, es muy triste dejar un hijo.

– Vamos a cuidarlo, Lúcia.

En casa informaron a los niños que Diño viviría con ellos. Diño preguntó:

– ¿Mamá ya se fue?

– Pronto lo hará – respondió Samuel.

Intentaron distraerlo, salieron a caminar y él, que nunca antes había salido, disfrutó mucho. El lunes llevaron a Diño a los médicos, al pediatra que atendió a Rodrigo y a un ortopedista pediatra, quien le indicó tratamiento con un fisioterapeuta. Lo llevaron al dentista y al logopeda en los días siguientes.

Estaba anémico y comenzó tratamiento. Samuel, Lúcia y Ángela se turnaron para llevar a los dos al colegio, conocieron al logopeda, al fisioterapeuta, al dentista y los chicos se divertían, les gustaba salir.

Un mes después, el aspecto de Diño era diferente, estaba sonrojado, crecía, ganaba peso, estaba feliz. Lo llamaba, como Rodrigo, Samuel de papá y Lúcia de Luxa, pero al escuchar a su amiguito llamar a su mamá, también comenzó a hacerlo. Una tarde, Lúcia recibió una visita inesperada. Ángela fue a la habitación para advertirle.

– Doña Lúcia, una señora quiere verla, está en la sala.

Lúcia fue a ver quién era y se dio cuenta que era la esposa del hermano mayor de Mário. La saludó cortésmente.

– Lúcia, ¿cómo estás?

– Bien, gracias.

– Me alegra saber que estás bien. Vine aquí para informarles que ahora sabemos dónde está Mário. Si lo necesitas dímelo y te paso el mensaje.

– Gracias. No me interesa el paradero de Mário y no quiero nada de él. Ya lo necesitaba mucho, ahora como puedes ver ya no lo necesito.

Hablaron un poco más de sus hijos y la visitante se fue.

"Mário - pensó Lúcia -, no lo quiero cerca, no tiene derecho a ver a su hijo."

No le dijo nada sobre la visita a Samuel, pero se lo mencionó a Cecilia, las dos siguieron siendo muy buenas amigas.

– Cecilia, ha pasado tanto tiempo que ya ni me acuerdo de Mário, parece que nunca fue parte de mi vida. Antes, nunca pensé que amaría a nadie más que a él. Todo cambia, incluso nuestros sentimientos. Mário ya no significa nada para mí. Ahora sé con certeza que amo mucho a Samuel.

Dos meses y medio después que Diño estuviera con ellos, la escuela les informó que su madre había fallecido. Samuel le dijo a Diño:

– Tu madre se fue, no volverá. Ella gustaba mucho de ustedes, por eso te dejaron aquí con nosotros, que te amamos. ¿Te gusta vivir aquí?

– Me gusta mucho y quiero quedarme.

– Tú quédate, hijito – dijo Samuel.

Samuel estaba muy feliz, sentía que Lúcia lo amaba y tenía una familia. Lúcia se sentía muy bien y feliz. Rodrigo estaba tranquilo, sonriente, quería mucho a Samuel y disfrutaba tener a Diño como hermano y se fue recuperando con los ejercicios, caminaba mejor y empezó a mover más el brazo. El pequeño estaba feliz con su nuevo hogar, a todos le caía bien y quería mucho a Samuel. Aquel que nunca antes había recibido el cariño de un padre no podría haber tenido uno mejor. Y todos esperaban ansiosamente el nacimiento del bebé.

Capítulo catorce

Reencontrando a la familia

Mário pasó unos días, después de su visita a Lúcia, en silencio, triste y pensando mucho.

Se preguntó qué debía hacer y no encontró solución.

"¿Quiero volver con ella? ¿Y Lúcia quiere que yo vuelva? ¡Me trató con tanta indiferencia! ¿Puedo amar a Rodrigo como a un hijo? ¿Me gustará ser su padre? ¿Qué debo hacer?"

Para distraerse, leyó los libros espíritas que había comprado.

"¿Será que lo que estoy leyendo es verdad? ¿Estoy vinculado a ellos, a Lúcia y a Rodrigo, a través del pasado? ¿Seré culpable o responsable?

No se decidió, no sabía qué quería hacer y fueron pasando los días. Y una noche tuvo un sueño que realmente lo impresionó. Una mujer que sentía que le gustaba mucho lo abrazó y le dijo:

- ¡Adiós! ¡Te vas y nos separaremos! ¡Que Dios te bendiga como yo los bendigo!

Se despertó con la sensación de estar siendo abrazado y, sin entender por qué, se puso muy triste.

"¡Parece que alguien a quien amo mucho se está alejando de mí!"

Mario soñó con Dorotea, su madre adoptiva en su otro nacimiento. Este espíritu bondadoso había planeado ser la segunda hija de Lúcia y Mario, y ser su hija. Como Lúcia iba a quedar embarazada, se despidió de él y se iba de nuevo a la carne. Ella sería hija de Lúcia y Samuel, la hija que ellos merecían y se reencarnaría para continuar su aprendizaje y con el propósito de ayudarlos a cuidar a Rodrigo. Y estaba regresando a un cuerpo físico en un hogar estructurado con padres activos en la Doctrina Espírita, entonces estaba esperanzada y muy feliz.

- Recuerdo poco de mis sueños - se dijo Mario -. ¡Este; sin embargo, me pareció tan real! ¡Parece que conozco a esta mujer! Estoy recordando ese sueño que tanto me impresionó. ¡Creo que era la misma mujer! Recuerdo que me mostró un estúpido que sería mi hijo y Rodrigo nació discapacitado. En el sueño me recordó que le prometí ser su padre y que ella sería nuestra hija, mía y de Lúcia. ¿Podría ser esta la misma mujer? ¿El mismo espíritu?

Recordó el sueño durante varios días. El domingo por la mañana, Mário estaba en su apartamento, cuando tocaron el timbre. Abrió la puerta y se quedó boquiabierto.

– ¡Valdir! – Exclamó admirado.

– ¡Mário!

Se abrazaron. Era su hermano mayor. Desde que dejó su casa, dejando a Lúcia, no había visto a sus hermanos ni había oído hablar de ellos.

– ¡Pasa! – Invitó Mário.

Valdir entró, se sentó y comentó:

– Jugué al detective para encontrarte. Mário, papá está muy enfermo. Tiene cirrosis y está ingresado en el hospital. Quiere verte y también a Cicerón. Me dijo que hace meses te vio y habló contigo unos minutos. Cuando entró al bar, le preguntó a una de las chicas dónde vivías, ella solo dijo el barrio. Pero le dijiste a papá que todavía trabajabas como mecánico, entonces hoy me levanté muy temprano y vine a este barrio, pregunté por ahí, de taller en taller y de pregunta en pregunta fui informando y te encontré.

– ¿Papá está realmente muy enfermo? – Quiso saber Mário.

– Sí – respondió Valdir –. Seguí viendo al viejo. Siempre iba a la pensión donde vivía para verlo y ayudarlo económicamente y, en ocasiones, lo llevaba a almorzar a mi casa.

- ¿Has visto a nuestro hermano Cicerón?

- No lo vi más después que cambió. Aunque la ciudad donde vive no está lejos, ni él vino aquí ni yo fui allí. Le escribe a papá de vez en cuando. De las cartas tengo la dirección.

- ¿Cómo estás, Valdir? - Preguntó Mario, interesado en saber sobre su hermano.

- Casado, tengo tres hijos y soy feliz. Vivo en el mismo lugar. También trabajo en la misma fábrica. Y tú, ¿te volviste a casar?

- No, vivo solo.

- Me sorprendió - dijo Valdir -, cuando te separaste de Lúcia, ella te gustaba mucho. No entendí. Desapareciste y no diste ninguna noticia. ¿Por qué hiciste eso?

-No sé.

Mário cambió de tema. Invitó a su hermano a almorzar, fueron al restaurante de doña María y le presentó a su hermano a sus amigos, quienes se sorprendieron, siempre pensaron que no tenía familia. Luego fueron a visitar a su padre al hospital.

El padre de Mário estaba realmente muy enfermo, se alegraba de ver a sus hijos y los abrazó.

- Qué amable de tu parte venir a verme, Mário. Ya le pedí perdón a Valdir y quiero que tú también me perdones.

A Mário no le agradaba su padre, estaba muy enojado con él. Hacía algún tiempo él respondería que no perdonaba. Pero después de leer los libros espíritas comenzó a cambiar, a ser más comprensivo.

– ¡Te perdono, papi!

Lo abrazó y lo besó. El paciente lloró emocionado y exclamó:

– ¡Ahora solo falta Cicerón!

– ¡Dame la dirección y lo buscaré! – Dijo Mário.

– Pero no tardes – dijo el padre –. Creo que voy a morir pronto. Y quiero irme con su perdón.

– ¡Nada, papi! – Exclamó Mário.– Vas a vivir mucho tiempo. Iré mañana. Hace años que no me tomo vacaciones y puedo tomarme unos días libres. Tú aquí y yo volveré con Cicerón.

El padre se puso muy contento y le dio la dirección de Cicerón. Terminaron las horas de visita y los dos hermanos se marcharon. Se despidieron con un cariñoso abrazo.

– ¡Mário, siempre te extrañé! Me alegra volver a verte – dijo Valdir, emocionado.

– ¡Yo también estoy muy feliz de verte de nuevo! – Dijo Mário.

El lunes por la mañana fue al taller, preguntó a su jefe si podía tomarse unos días porque necesitaba viajar. Con todo resuelto, almorzó, cogió algo de ropa y se dirigió en coche a la ciudad donde vivía el otro hermano.

No fue fácil encontrar la residencia de su hermano. Se entristeció cuando llegó al barrio, el lugar era peligroso y muy pobre. Cuando encontró la casa, llamó a la puerta y le abrió un niño de unos ocho años.

- ¿Están tus padres? - Preguntó Mário.

- Solo mi madre - respondió el niño -. Voy a llamarla.

Una mujer delgada, con expresión de dolor y cansancio, acudió a atenderlo.

- Buenas tardes, soy Mário. ¿Es aquí donde vive Cicerón?

- Sí, es mi marido. ¿Lo estás buscando? No está, si quieres encontrarlo búscalo en un bar cercano.

- ¡Soy el hermano de Cicerón! - Aclaró Mario.

- ¿Hermano? Pasa entonces - invitó a la mujer mirándolo con asombro.

Mário entró, la casa era muy pobre. Se sentó en la silla ofrecida.

- Soy su hermano menor. Nuestro padre está muy enfermo, hospitalizado y quiere verlo. Dijiste que Cicerón debe estar en un bar. ¿Él bebe? ¿Es un alcohólico?

-Bebe mucho. ¡Siempre está borracho! Y no vuelve temprano a casa, debe regresar como siempre a última hora de la noche. Si quieres esperarlo, quédate ahí, pero no puedo hacerte compañía. Trabajo como empleada doméstica y cuando vuelvo a casa tengo mucho que hacer.

- ¿Tienes hijos? - preguntó Mario.

- Tres - respondió ella -. Este niño, una niña que me está ayudando, y un niño de tres años.

Conoció a sus sobrinos, niños hermosos y sanos que vestían ropas rotas. Mário decidió irse, no tenía sentido esperar a su hermano ni ir a buscarlo.

En los bares, podría ser peligroso. Le pidió a la cuñada:

– Dile que vine aquí y que mañana volveré temprano para hablar.

- Dile que vine aquí y que mañana volveré temprano para hablar.

Se fue. Buscó una pensión en un barrio cercano para pasar la noche. Temprano al día siguiente se fue a casa del hermano. Eran las siete, la cuñada se estaba preparando para llevar a los niños a la guardería para ir a trabajar.

Mário se ofreció a llevarlos en coche. Los niños disfrutaron mucho del paseo.

- Tu vida debe ser difícil - dijo Mario.

- Sí - respondió ella, asintiendo.

- Volveré a tu casa y hablaré con Cicerón - informó Mario.

Encontró a su hermano durmiendo. Lo despertó después de llamarlo y sacudirlo muchas veces. Sobresaltado, miró a Mário, sin reconocerlo.

- Soy yo, Mário, tu hermano menor. Recibí tu dirección de papá y vine a recogerte, ya que está muy enfermo y quiere verte.

Cicerón abrazó a su hermano y lloró. Cuando se detuvo, dijo:

- Mira en lo que me he convertido: ¡un borracho como él! No tengo los medios económicos para viajar.

- ¡Cicerón, puedo y quiero ayudarte! ¿Cómo puedes tú, hermano mío, que tanto sufriste por la bebida de papá, actuar como él?

- ¡No sé! A veces quiero parar y no puedo. Mi esposa es trabajadora y sufre mucho por mi embriaguez. ¡Soy jubilado! Solo recibo un salario mínimo. Trabajaba en una empresa constructora y tuve un accidente porque estaba borracho. Estuve hospitalizado durante meses. Me jubilaron.

- Déjame ayudarte, traje dinero conmigo. Vamos al mercado, voy a hacer una compra para salir de aquí. Vine en coche, tú vas conmigo a ver a papá y luego vuelves en autobús.

- ¿En lugar de realizar la compra, no pagarías los atrasos del alquiler de la casa? El dueño amenaza con desalojarnos y no tenemos a dónde ir. También debo en los bares y aquí suelen ser violentos con los que deben dinero.

Si voy contigo, podrían pensar que me escapé y podrían venir aquí a casa.

- Cicerón, ¿cómo puedes correr tales riesgos y poner en peligro a tu familia? ¡Por favor, hermano mío, no bebas más! Vamos conmigo y me esforzaré por ayudarte. Ahora tómate un café y paguemos tus deudas.

Fueron a los lugares donde se suponía que debía ir. No era mucho, pero de bar en bar, todo el dinero de Mario se había ido. Cicerón quiso beber, pero ante la mirada severa de su hermano, desistió. Pagó el alquiler con un cheque.

-¿Tiene fondos? - Preguntó el dueño.

- Sí señor, puede descontarlo.

Fueron al mercado, Mario preguntó si aceptaban cheques. Consultaron y le informaron que podía realizar la compra. Compró muchas cosas; pensando en sus sobrinos, recogió dulces, galletas y caramelos.

Almorzó con su hermano en un restaurante. Cicerón pidió una cerveza y Mário le ordenó al camarero:

– ¡Dos jugos, por favor! Yo no bebo y ustedes en mi compañía tampoco beberán alcohol.

Después del almuerzo regresaron a la casa de Cicerón.

– Hermano mío – preguntó Mário –, báñate, aféitate, cámbiate de ropa, en cuanto llegue Marta nos vamos de viaje. Te quedarás en mi apartamento, veremos a papá y luego volverás.

El hermano obedeció. Cuando Marta entró a la casa con los niños, Cicerón alegremente le informó:

– Marta, Mário pagó sus deudas, aquí ya nadie vendrá a cobrarme. Pagó el alquiler atrasado y también el de este mes, que expirará. También hizo una buena compra en el supermercado.

Ella sonrió, agradeció a su cuñado y los niños, felices, fueron a ver las compras.

– Marta, Cicerón va conmigo a ver a papá – Mário informó a su cuñada –. Se quedará unos días en mi apartamento. Te daremos novedades. En el lugar donde trabajas, tienes teléfono, ¿no? Él llamará. No te preocupes, volverá.

Se despidieron de Marta y de los niños y se marcharon. Cicerón tuvo ganas de beber y pidió ir a un bar. Mário le habló:

– Cicerón, papá está en una cama de hospital, con cirrosis, enfermo de tanto beber. Está sufriendo mucho. Por favor, hermano mío, deja de emborracharte. Quiero ayudarte. Te llevaré a médicos, grupos de apoyo. Con mi ayuda, creo que podrás superar esta adicción. Piensa en tus hijos, son bonitos, sanos, no los hagas sufrir.

Cicerón lloró, le dio la razón a su hermano y exclamó:

-¡Acepto tu ayuda!

Mário instaló a su hermano de la mejor manera posible en su departamento. Estaban cansados y se acostaron temprano.

Mário, meses antes, había escuchado a las chicas, sus vecinas, hablar de un muy buen médico que trataba a personas alcohólicas. Temprano en la mañana fue a su apartamento para preguntar la dirección del médico.

Una de las chicas conocía al médico, se ofreció a llamarlo y pudo programar una cita para las 11 de la mañana de ese mismo día.

Mário le dio a su hermano su ropa para que se la pusiera y lo acompañó a la cita.

— ¡Te estás matando! - Dijo el médico después de examinarlo -. Ciertamente comes poco y bebes mucho.

El especialista habló con él durante mucho tiempo, él escuchó en silencio y terminó llorando. Quería hacer el tratamiento. Después de recetarle medicamentos, el médico le sugirió que asistiera a las reuniones de "Alcohólicos Anónimos." Le dio la dirección de un grupo cerca de donde vivía Mário, éste se emocionó y habló con determinación.

— ¡Voy contigo!

Mário compró la medicina. Le dijo a su hermano que lo vigilaría para que no bebiera y que tomara sus medicamentos.

Llamó a Valdir diciéndole que Cicerón estaba con él y que irían a su casa esa noche. Por la tarde, en horario de visita del hospital, fueron a ver a su padre. Se abrazaron llorando.

– ¡Cicerón! - Exclamó emocionado el paciente –. ¡Hijo mío, Cicerón, eres alcohólico como yo!

– ¿Cómo lo sabes? – Preguntó Cicerón asombrado.

– Por tu cara – respondió su padre, observándolo.

– ¡Recupérate mientras tengas tiempo! Mira lo que hizo la bebida conmigo. Amaba a tu madre y la hice sufrir. Me gustaste y te lastimé. Estaba solo. Me alegra que ustedes tres vengan a verme, de lo contrario no recibiría visitas. El alcohol no solo mata el cuerpo, sino también los sentimientos. Tenía muchas ganas de verte y pedirte perdón. No repitas esta escena, no dejes que te pase lo mismo, porque si sigues emborrachándote, dentro de unos años serás tú quien pida perdón a tus hijos. ¡Deja de beber, hijo mío!

Cicerón prometió intentar dejar de beber y Mário prometió ayudarlo.

Por la noche fueron a la casa de Valdir, ambos admiraban la casa de su hermano, que contaba con una casa grande y cómoda.

La esposa de Valdir, Neide, fue muy amable y una anfitriona perfecta. Se marcharon tarde, mientras hablaban, recordando el pasado.

Al día siguiente, Mário acudió al domicilio indicado, donde se reunía "Alcohólicos Anónimos." Estaba muy cerca de su apartamento y leyó un cartel en la puerta que decía que había reuniones todas las noches. A la hora indicada, fue con su hermano. Un señor los saludó amablemente y los invitó a sentarse. Poco después comenzó la reunión. Al escuchar testimonios se dieron cuenta que las historias eran similares, todas tristes y que los alcohólicos y sus familias sufrían mucho. Cicerón lloró emocionado, escuchó lo que seguramente diría.

Mário, al final, presentó a su hermano y le pidió, si podía, que asistiera a las reuniones. Con abrazos fraternos, el dirigente y los integrantes de la organización dijeron que sería un placer recibirlo.

Mario llamó a su cuñada al día siguiente y le informó que Cicerón estaba en tratamiento.

- Se quedará conmigo por un tiempo. Estamos visitando a papá y lo estoy cuidando. Creo que mi hermano dejará de beber.

- Si eso sucede, tendremos paz - dijo Marta. Aquí estamos bien y nadie nos cobra. Recibirás su jubilación y tendremos más dinero este mes. Gracias, cuñado.

Mário volvió a trabajar y se llevó a su hermano con él.

No quería dejarlo solo.

- Cicerón, ayúdame y te enseñaré el oficio de mecánico. Cuando estés bien, podrás volver a trabajar y seguro que mejorarás económicamente.

- Si ya no gasto mi jubilación bebiendo, mis hijos estarán mejor - dijo Cicerón.

-Mário, vi que hay un Centro Espírita cerca de tu departamento. Si no te importa, me gustaría ir a buscar un pase.

- Por supuesto que no me importa. ¡Iré contigo!

- Si nos damos prisa, ya habrá tiempo para ir al Centro y luego a la reunión de "Alcohólicos Anónimos."

Y lo hicieron. El lugar era sencillo, una habitación grande, los dos se sentaron y esperaron. A la hora señalada, un hombre leyó el Evangelio, comentó lo leído y luego, en fila, en una sala lateral, fueron a recibir el pase. A ambos les gustó. Mário se sintió en paz, ligero, bien y empezaron a ir dos veces por semana.

Cicerón quería beber, su hermano lo observaba. Valdir también lo ayudó. Y todas las tardes iban a visitar a su padre. Valdir un día le dijo a Mário:

– ¿No quieres saber noticias sobre Lúcia y su hijo?

– ¿Los has visto?

– Hace tiempo que no los veo, pero como vivimos en el mismo barrio, los conozco. Lúcia trabajó duro y sus hermanos la ayudaron. Ahora se ha ido a vivir con un hombre, un hombre llamado Samuel, que está bien económicamente. Me dijeron que está embarazada.

Mário se puso blanco, sintió un temblor, no pudo decir nada. Valdir continuó hablando:

– No puedo entenderte, Mário, eres una buena persona, está ayudando mucho a Cicerón, no tienes vicios y eres muy trabajador. Y nunca le diste nada a tu hijo.

Mário no respondió. Esa noche, llevó a su hermano al lugar de reunión de "Alcohólicos Anónimos", pero no se quedó; regresó a su apartamento. Tomó una guía telefónica y buscó el nombre de Lúcia; no la encontró, pero sí la de Carlos, su hermano. Anotó el número y fue al restaurante y pidió llamar. Él y las chicas que comían allí usaban mucho el teléfono de doña María, pero pagaban la cuenta. Marcó la casa de Carlos y contestó Marcelo. Mário dijo:

– Disculpe, necesito una costurera y me informaron que la hermana de Carlos cose muy bien. ¿Puedes decirme si ella está trabajando?

- Mi tía ya no cose, se casó, dejó de trabajar y está embarazada. Pero si quieres te paso la dirección de una señora que hace este trabajo - explicó cortésmente Marcelo.

-Sí, gracias – respondió Mario.

Fingió escribirlo, le dio las gracias nuevamente y colgó.

"¡Embarazada! ¡Casada! ¡Es verdad!"

Estaba martirizado y regresó a su apartamento, aborrecido y muy triste.

"¿Qué esperabas? Que Lúcia se quedara toda la vida esperándome? ¿Amarme para siempre?"

Sufrió, me dolía el pecho. Intentó ocultarle a su hermano lo que sentía, dijo que le dolía la cabeza y se fue a la cama. Pero no pudo dormir. Y su mente repitió:

"Embarazada; feliz... Rodrigo con otro padre; ya no trabaja."

Recordó a su cuñada, la esposa de Cicerón, con expresión cansada y triste.

"Es difícil mantener a la familia - se quejó -, trabajo mucho."

Y ciertamente Lúcia también trabajó mucho. Tanto es así que cuando iba a la casa donde vivía, en un día de fiesta, se encontraba cosiendo. No había pensado que ella y su hijo pudieran estar necesitados.

– ¡Yo era un verdugo! – Murmuró suavemente.

Su padre estaba empeorando. Mário le pidió a Cicerón que se quedara con él hasta que su padre se recuperara. Él estuvo de acuerdo e informó a su esposa por teléfono. Le dijo que con su hermano no bebía, estaba en tratamiento, iba al Centro Espírita, a las reuniones de "Alcohólicos Anónimos", al taller de reparación de automóviles y estaba aprendiendo a reparar vehículos.

Mário habló con Valdir, quien también decidió ayudar a su hermano.

– Cicerón – dijo Mário –, le voy a pedir a Marta que busque una casa o departamento en un barrio mejor, lejos de donde viven, para mudarse. Tú, lejos de tus amigos alcohólicos y de los bares familiares, te sentirás más seguro de no volver a emborracharte. Valdir y yo decidimos ayudarte económicamente.

Aceptó agradecido. Mário llamó a su cuñada y le pidió que buscara otro lugar para vivir. Marta estaba muy feliz.

– Cicerón está bien – informó Mário –. Está sonrojado, ya no ha bebido. Cuídate, Marta, queremos verte bien cuando volvamos, que tengo pensado ir con él para ayudarles en la mudanza.

Su padre sufrió mucho. Los hermanos advirtieron a Cicerón sobre los inconvenientes de beber. Los tres ahora eran amigos y se turnaban para quedarse con su padre. Y cuando el cuerpo físico de sus padres murió, tomaron todas las medidas. En el velorio, estaban ellos tres y la familia de Valdir. Lo enterraron en la tumba donde yacía su madre.

- Mañana voy a llevar a Cicerón a su casa. Está conmigo desde hace 56 días - informó Mario a Valdir.

- ¡Cincuenta y seis días sin beber! - Exclamó Cicerón.

Valdir le dio dinero, lo abrazó y le recomendó:

– Cicerón, cambia y por favor no bebas más. Recuerda a papá. No fue un gran ejemplo, pero podemos recordar cómo era su vida, ¡así que no queremos nada parecido para nosotros!

Cicerón se conmovió y se alejó. Valdir aprovechó que estaba solo con Mário y le informó:

– Mi esposa fue a casa de Lúcia, es verdad, realmente está viviendo con Samuel. Está embarazada y muy feliz. Rodrigo, feliz, llama padre a la pareja de Lúcia. Ella no quería tu dirección, pero si quiere saber de ti, seguramente nos preguntará. Tal vez tu esposa quiera separarse legalmente o pedir manutención para tu hijos.

– Gracias, Valdir. Me alegra saber que están bien. Si ella quiere saber o quiere algo de mí, te lo preguntará y yo le responderé.

Mário había comprado meses antes un coche a precio módico porque estaba averiado, lo reparó poco a poco y cuando estuvo en orden, lo vendió y se quedó con el dinero. Decidió darle este dinero a su hermano. No solo le estaba brindando ayuda financiera a Cicerón, sino también una gran oportunidad para que él estuviera bien con su familia. Oró a Dios para que aprovechara esta oportunidad.

Cicerón estaba feliz cuando regresó a casa, abrazaba y besaba a sus hijos y les daba regalos, que compró con el dinero que recibía por ayudar en el taller. Marta estaba más ordenada, la esperanza iluminaba sus ojos, sonreía y estaba preciosa.

– ¡Quiero disculparme contigo! – Exclamó Cicerón llorando –. En estos días que pasé lejos de ti me di cuenta que te quiero mucho. Y quien ama no hace daño. ¡Ya no quiero hacerlos sufrir! Beber me impedía comprender que era infeliz y, peor aun, que los hacía sufrir. Prometo que actuaré de manera diferente. Ahora seré un buen marido y quiero ser un padre maravilloso, lo que tú te mereces.

Todos lloraron y se abrazaron. Mário también se emocionó y los sacó de ese hechizo diciéndoles:

– Entonces, Marta, ¿encontraste un lugar para mudarte?

– ¡Sí, lo encontré! Es un lindo departamento, cerca de mi trabajo, una guardería y una buena escuela.

– ¡Vamos a alquilarlo! Isabel, ¿todavía tienes deudas? – preguntó Mário.

– No, ninguna. Les pagaste a todos y...

– Como no estuve aquí, no se hizo más ni lo haremos. Voy a volver a trabajar – dijo Cicerón.

Mario fue con su hermano a alquilar el departamento. Necesitaba un garante. El jefe de Mário tenía un hermano que vivía en esa ciudad y que también era dueño de un taller mecánico. Mário había hablado con él por teléfono para buscarle trabajo a su hermano. Era su taller y le pidió que fuera garante.

- Puedes estar tranquilo, si Cicerón no paga el alquiler, yo lo haré.

Él aceptó ser garante y con los papeles en regla alquilaron el departamento y se mudaron. Mário les compró electrodomésticos, colchones y algunos utensilios que necesitaban. Ellos estaban muy felices.

Mário fue a la escuela con Cicerón y matricularon a ambos mayores y, para los más pequeños, encontraron un lugar en la guardería. Se propuso hablar con sus sobrinos.

- ¡Fue tu padre quien arregló todo!

- ¡No lo creo! ¡Estoy tan feliz! - Exclamó su hija, besándolo.

- Mário, ¡cómo perdí el tiempo bebiendo! - Dijo emocionado Cicerón.

– ¡A veces perdemos el tiempo! – Mário estuvo de acuerdo, también conmoviéndose y recordando su actitud –. No debemos rechazar las oportunidades. Tú, hermano mío, estás teniendo otra oportunidad, ¡aprovecha!

Mário habló con el hermano de su jefe y le pidió:

– Dale una oportunidad a Cicerón. Está empezando a aprender el oficio y necesita una ocupación.

– Solo puedo pagar un salario mínimo.

– Si estás de acuerdo, te enviaré una cantidad cada mes para completar su salario.

– Está bien, estoy de acuerdo – dijo el dueño del taller – tu hermano está empleado.

– Quería pedirte un favor más: si notas que ha vuelto a beber, dímelo – suplicó Mário.

– Te avisaré, claro.

Mário se quedó con su hermano durante cinco días. Encontraron un Centro Espírita al que podía asistir y también un grupo de "Alcohólicos Anónimos."

– Cicerón, confío en ti, no me decepciones, Valdir, tu familia y yo creemos en tu recuperación.

– Serás digno de esta confianza. ¡No volveré a beber! – Dijo Cicerón, decidido.

Mário volvió. Se sentía solo en su departamento, se había acostumbrado a su hermano. La soledad dolía.

Capítulo quince

Oportunidades

Lúcia tuvo un embarazo tranquilo, todos estaban muy contentos y esperando ansiosos por que naciera el bebé. Nació Ana Carina y encantó a todos. Lúcia al mirarla y el pediatra le informó:

– ¡Tu hija está sana!

Emocionada, lloró de alegría y exclamó:

– ¡Gracias Dios mío!

Dijo una oración de agradecimiento. Samuel, feliz, sonreía todo el tiempo.

En casa, Rodrigo, Diño y él se sentaron en la cama, frente a la cuna, miraron al bebé con amor y exclamaron:

– ¡Ella está sonriendo!

– ¡Qué linda!

– ¡Mueve tu mano!

– Papá – dijo Diño –, ¡Ana Carina no tiene dientes!

– Llevémosla con el doctor Cris, papi – pidió Rodrigo –. ¡Pobrecita, no tiene dientes! Cris le había puesto los dientes.

– Cariño – explicó Lúcia –, los bebés nacen sin dientes.

– ¡Pero quiero que mi hermanita tenga dientes! – Dijo Rodrigo.

– ¡Yo también! ¡Pobrecita! – Exclamó Diño.

Ambos lloraron. Querían que su hermana pequeña tuviera dientes. Samuel y Lúcia repitieron la explicación, pero los dos, sintiendo lástima por su hermana, no estuvieron de acuerdo. Samuel salió con ellos y cuando regresaron estaban nuevamente felices. Lúcia estaba amamantando a Ana Carina, sentada en el sofá de la sala, y ambos se quedaron allí, cerca de ella, jugando. Samuel dijo a su esposa:

– Los llevé a ver al bebé de doña Clara. Ambos vieron que él tampoco tenía dientes. Luego les mostré a Marcelito, que ya tiene ocho meses y le están saliendo los dientes. Ah, ya lo entendieron.

– Samuel, ¿estás feliz? – Preguntó Lúcia.

– Yo soy feliz. La felicidad para mí es estar tranquilo, en paz conmigo mismo, sentir a Dios en mí y hacer todo lo posible para poner en práctica lo que me enseña la Doctrina Espírita.

La felicidad es algo interno, independiente del exterior. Yo, Lúcia, estoy teniendo mucha alegría externa en este momento. Le pedí mucho a Dios que me diera hijos y me dio tres y una pareja maravillosa.

Samuel se acercó a Lúcia, quien exclamó:

- Intentaré actuar como tú. Pero estos momentos alegres me hacen muy feliz. ¡Te amo!

Él la besó y a los niños, que estaban sentados en la alfombra de la sala jugando, sonrieron felices. Incluso Ana Carina dejó de amamantar por un momento, parecía estar sonriendo. Tenía una mirada inteligente, era lista, una recién nacida encantadora. Todos estaban felices.

Mario estaba solo. Por primera vez en estos años sentía la soledad. Muchas de las chicas, sus vecinas, habían cambiado de residencia; otras regresaron a sus hogares. Quedaban pocas y todas tenían familia. Tenía hermanos y ahora eran amigos, pero también tenían sus familias. Pensó en Lúcia, la amaba tanto, tal vez no amaría a nadie como la amaba a ella. Pero ahora estaba casada, vivía con otra persona y había rehecho su vida.

Mario siguió yendo al Centro Espírita cerca de su departamento; empezó a acompañar a Cicerón, luego continuó porque le gustaba. Anotó en un cuaderno lo que le gustaba de las conferencias a las que asistía.

Releyó los que estaban subrayados, los que para él eran más importantes.

Incluso cuando pasó por dificultades, "¡haz el bien y no esperes recompensa! Dar gracias por la oportunidad de estar en la carne y amar a todos los que nos rodean.

Todas las razones tienen respuesta, solo hay que analizarlas y comprenderlas con buenos sentimientos.

La reencarnación nos brinda la oportunidad de reconciliarnos con viejos enemigos, aprender y progresar. No la desperdiciemos.

A menudo nos preguntamos: ¿Por qué a mí?

Solo investiga y encontraremos la respuesta."

Mário pensó y concluyó:

"Pensé mucho en esta pregunta: ¿Por qué yo? Me desesperé cuando nació Rodrigo y lo abandoné. ¿Por qué hice eso? ¿Por qué no pude amarlo? ¿Por qué nació un niño discapacitado en nuestra casa? Ahora creo que "tengo las respuestas. Sin duda, Rodrigo se reunió con nosotros para que yo aprendiera a amarlo y pudiéramos reconciliarnos."

Una tarde, Mário estaba en el taller cuando se detuvo una camioneta y el conductor le preguntó:

– ¿No lo arreglas? Sin embargo, no tengo dinero conmigo. ¿Puedo pagar más tarde? Yo trabajo en APAE.

– ¡Soy Júnior! ¿Cómo te llamas?

– ¡Mário!

– ¿Estás arreglando nuestra camioneta? No podemos estar sin ella.

"Soy Júnior" - resonó en la mente de Mário. Reparó la camioneta, reemplazó una pieza y no cobró.

– ¡No es nada! Paga la tarifa y no te cobro la reparación.

Ellos felizmente le agradecieron.

Mário sintió ganas de volver a ver a su hijo.

Lo recordaba sentado recortando la revista.

– ¡Lo veré! – Exclamó decidido.

Su cuñada, esposa de Valdir, le había dado toda la información que obtuvo de Lúcia, dónde estudiaba Rodrigo, el horario, etc.

"En dos horas termina su clase, voy allí a verlo salir."

Y fue. Detuvo el auto en el bloque delantero y se paró frente a la escuela por un momento. La puerta había sido abierta, Mário entró aprovechando que la chica que organizaba la salida de los niños estaba distraída empacando una mochila de niña. Estaba parado cerca de un pilar. Vio a su hijo.

– ¡Júnior! – Llamó Mário sintiendo su corazón acelerarse.

Rodrigo se giró, lo miró y respondió:

– ¡No soy Júnior! Júnior y ese chico de allí. ¡Mi nombre es Rodrigo!

– Hola Rodrigo – dijo Mário –. ¿Cómo estás? ¿Estás feliz?

– ¡Yo soy feliz! El domingo, Día del Padre, mi padre y yo jugamos al fútbol y marcamos un gol. Este es Diño, mi hermanito.

El otro niño se acercó, sonrió y dijo:

– ¡Hola!

– No jugó al fútbol, pero el año que viene jugará – informó Rodrigo.

– Jugará, sí, lo prometió papá.

– ¿Ustedes son hermanos? – Preguntó Mário.

– Lo somos y tenemos una hermanita – dijo Rodrigo.

– ¡Esa no tiene dientes! – Exclamó Diño.– ¡Pero lo hará! – aclaró Rodrigo –. Es que Ana Carina es una bebé. ¡Es linda! Ayudamos a mamá a cuidar de ella.

– ¿Estás feliz, Rodrigo? – Insistió Mário.

– Mucho. Amo a papá, mamá, Diño, Ángela, mi hermana pequeña y juego al fútbol con mi papá.

-¡Diño! ¡Rodrigo!

Mário escuchó, miró hacia el portón y vio a la persona que los llamaba dentro de un auto. El hombre se bajó del vehículo y los llamó nuevamente. Mário lo observó, era una persona tranquila que sonriendo levantaba los brazos. Mário se alejó y se paró detrás del pilar mirándolos.

- ¡Buenas tardes, señor Samuel! ¿Vine a buscar a los niños? – Saludó la chica que organizó la salida de los estudiantes.

- ¡Buenas tardes, Lenita! - Respondió el hombre.

Los dos, Rodrigo y Diño, corrieron a su encuentro exclamando:

- ¡Papá! - Y se refugiaron en sus brazos. Samuel los besó y se inclinó para recibir besos.

Riendo y hablando, colocó a los dos en el asiento trasero y se fueron. Mário sintió un nudo en la garganta, sus ojos se llenaron de lágrimas, aprovechó que la chica se alejaba del portón y se fue rápidamente. Sus ojos llorosos le impedían ver correctamente. Caminó hacia el auto, se sentó en la acera y trató de equilibrarse. Sintió un dolor inmenso, sentía como si algo se rompiera dentro de él, se sintió peor que cuando recibió la noticia del médico, cuando nació su hijo, que estaba discapacitado. Ahora el dolor era diferente, más profundo, de remordimiento. Fue la pérdida de una gran oportunidad.

– ¡Qué imprudente fui! – Exclamó suavemente, secándose los ojos.

"Perdí a Lúcia, la mujer que amaba, no acepté a mi hijo. ¡Qué aprendizaje tan fantástico hubiera sido vivir con él! Sin duda aprendería mucho de esa sonrisa. Que alegría sería escucharlo llamarme papi, jugar al fútbol con él. ¡Pero alguien más lo hace en mi lugar! Samuel es feliz en mi lugar y solo yo tengo la culpa! ¿Cómo pude perder esta oportunidad? Ciertamente ya no la tendré. Incluso si se encuentra con ellos en la próximo encarnación, Rodrigo nunca debería regresar con un cuerpo discapacitado. ¿Y Lúcia me querrá? Nada vuelve de la misma manera. Cambiamos. Yo fui quien perdió la oportunidad. No voy a buscarlos. Cuando lo extrañe vendré a ver a Rodrigo de lejos, al salir del colegio. Conocer a Samuel como su padre y, por su bien, debería seguir siéndolo. Lo abandoné necesitado y no lo asumí y ahora que todo está bien con ellos los molestaré con mi presencia."

Cuando mejoró, se subió al auto y se dirigía de regreso al taller, pero decidió hacer algo lindo.

"Si no hago nada, la nada que recibiré es ciertamente vacío, y este dolor que siento ahora mismo" - él pensó.

Fue a APAE, que estaba cerca de su lugar de trabajo, y pidió hablar con el director. Un señor de aspecto agradable lo recibió en su oficina y, tras saludarlo, esperó a que Mário hablara.

– Señor, reparé una camioneta en la casa, soy mecánico.

– ¿Viniste a cobrar? – Preguntó el director.

– ¡No! – Respondió Mário –. Le dije al conductor que no necesitaba pagar. Vine aquí por otra razón.

- ¡Muchas gracias! - Exclamó el caballero sonriendo aliviado.

- Entiendo electricidad, fontanería y mecánica - informó Mario -. Vine aquí para ofrecerme como voluntario.

-¡Qué bueno! ¡Fue Dios quien lo envió! Estamos teniendo un problema con una fuga en un baño de hombres, que no se puede utilizar, lo que nos genera problemas. Actualmente no tenemos tiempo para repararlo.

- ¡Tú ahí y yo definitivamente lo arreglaremos! Quiero ayudarlos con mi trabajo. Usted puede contar conmigo - dijo Mário.

- Llamaré a alguien para que te lleve allí.

Salieron al patio y el director preguntó a uno de los muchachos:

- ¡Júnior! Por favor lleve al Sr. Mário al baño de hombres, que tiene una fuga.

- Sí, señor - respondió el niño sonriendo -. ¡Por aquí, señor, sígame!

Entraron al baño y el niño mostró el lavabo y el grifo que goteaban. Mário comenzó a examinarlo.

– ¡Soy Júnior! – dijo el chico –. Eres el mecánico. Genial lo que haces!

– Tú eres Júnior. ¿Tienes el nombre de tu padre?

– Sí, el nombre de mi padre es Jonás y yo soy Jonás Júnior – respondió el niño.

– ¿Te gusta tu padre? – Preguntó Mário.

– ¡Mucho! Él es mi amigo. ¿Está escuchando? Es la señal, tengo que ir a la fila. ¡Adiós!

Júnior se fue. Mário tendría que buscar una pieza para arreglar el grifo. Iba a comprarla con su dinero y en ese momento se propuso ser voluntario en esa casa.

Se secó los ojos llenos de lágrimas.

"¡Soy Júnior! ¡Mi padre es mi amigo! ¡Mi hermana pequeña no tiene dientes! ¡Marcamos un gol! ¡Estoy feliz!"

Las frases resonaron en su mente. Compró la pieza y arregló el grifo. Aunque muy triste por la oportunidad que había perdido, se sintió esperanzado y concluyó que vendrían otras oportunidades, porque la vida continúa.

Fin

Grandes Éxitos de Zibia Gasparetto

Con más de 20 millones de títulos vendidos, la autora ha contribuido para el fortalecimiento de la literatura espiritualista en el mercado editorial y para la popularización de la espiritualidad. Conozca más éxitos de la escritora.

Romances Dictados por el Espíritu Lucius

La Fuerza de la Vida

La Verdad de cada uno

La vida sabe lo que hace

Ella confió en la vida

Entre el Amor y la Guerra

Esmeralda

Espinas del Tiempo

Lazos Eternos

Nada es por Casualidad

Nadie es de Nadie

El Abogado de Dios

El Mañana a Dios pertenece

El Amor Venció

Encuentro Inesperado

Al borde del destino

El Astuto

El Morro de las Ilusiones

¿Dónde está Teresa?

Por las puertas del Corazón

Cuando la Vida escoge

Cuando llega la Hora

Cuando es necesario volver

Abriéndose para la Vida

Sin miedo de vivir

Solo el amor lo consigue

Todos Somos Inocentes

Todo tiene su precio

Todo valió la pena

Un amor de verdad

Venciendo el pasado

Otros éxitos de Andrés Luiz Ruiz y Lucius

Trilogía El Amor Jamás te Olvida

La Fuerza de la Bondad

Bajo las Manos de la Misericordia

Despidiéndose de la Tierra

Al Final de la Última Hora

Esculpiendo su Destino

Hay Flores sobre las Piedras

Los Peñascos son de Arena

Otros éxitos de Gilvanize Balbino Pereira

Linternas del Tiempo

Los Ángeles de Jade

El Horizonte de las Alondras

Cetros Partidos

Lágrimas del Sol

Salmos de Redención

El Hombre que había vivido demasiado

Libros de Eliana Machado Coelho y Schellida

Corazones sin Destino

El Brillo de la Verdad

El Derecho de Ser Feliz

El Retorno

En el Silencio de las Pasiones

Fuerza para Recomenzar

La Certeza de la Victoria

La Conquista de la Paz

Lecciones que la Vida Ofrece

Más Fuerte que Nunca

Sin Reglas para Amar

Un Diario en el Tiempo

Un Motivo para Vivir

¡Eliana Machado Coelho y Schellida, Romances que cautivan, enseñan, conmueven y pueden cambiar tu vida!

Romances de Arandi Gomes Texeira y el Conde J.W. Rochester

El Condado de Lancaster

El Poder del Amor

El Proceso

La Pulsera de Cleopatra

La Reencarnación de una Reina

Ustedes son dioses

Libros de Marcelo Cezar y Marco Aurelio

El Amor es para los Fuertes

La Última Oportunidad

Nada es como Parece

Para Siempre Conmigo

Solo Dios lo Sabe

Tú haces el Mañana

Un Soplo de Ternura

Libros de Vera Kryzhanovskaia y JW Rochester

La Venganza del Judío

La Monja de los Casamientos

La Hija del Hechicero

La Flor del Pantano

La Ira Divina

La Leyenda del Castillo de Montignoso

La Muerte del Planeta

La Noche de San Bartolomé

La Venganza del Judío

Bienaventurados los pobres de espíritu

Cobra Capela

Dolores

Trilogía del Reino de las Sombras

De los Cielos a la Tierra

Episodios de la Vida de Tiberius

Hechizo Infernal

Herculanum

En la Frontera

Naema, la Bruja

En el Castillo de Escocia (Trilogía 2)

Nueva Era

El Elixir de la larga vida

El Faraón Mernephtah

Los Legisladores

Los Magos

El Terrible Fantasma

El Paraíso sin Adán

Romance de una Reina

Luminarias Checas

Narraciones Ocultas

La Monja de los Casamientos

Libros de Elisa Masselli

Siempre existe una razón

Nada queda sin respuesta

La vida está hecha de decisiones

La Misión de cada uno

Es necesario algo más

El Pasado no importa

El Destino en sus manos

Dios estaba con él

Cuando el pasado no pasa

Apenas comenzando

Libros de Vera Lúcia Marinzeck de Carvalho y Patricia

Violetas en la Ventana

Viviendo en el Mundo de los Espíritus

La Casa del Escritor

El Vuelo de la Gaviota

Vera Lúcia Marinzeck de Carvalho y Antonio Carlos

Amad a los Enemigos

Esclavo Bernardino

la Roca de los Amantes

Rosa, la tercera víctima fatal

Cautivos y Libertos

Deficiente Mental

Aquellos que Aman

Cabocla

El Ateo

El Difícil camino de las drogas

En Misión de Socorro

La Casa del Acantilado

La Gruta de las Orquídeas

La Última Cena

Morí, ¿y ahora?

Las Flores de María

Nuevamente Juntos

Libros de Mônica de Castro y Leonel

A Pesar de Todo

Con el Amor no se Juega

De Frente con la Verdad

De Todo mi Ser

Deseo

El Precio de Ser Diferente

Gemelas

Giselle, La Amante del Inquisidor

Greta

Hasta que la Vida los Separe

Impulsos del Corazón

Jurema de la Selva

La Actriz

La Fuerza del Destino

Recuerdos que el Viento Trae

Secretos del Alma

Sintiendo en la Propia Piel

World Spiritist Institute

www.ingramcontent.com/pod-product-compliance
Lightning Source LLC
LaVergne TN
LVHW041813060526
838201LV00046B/1254